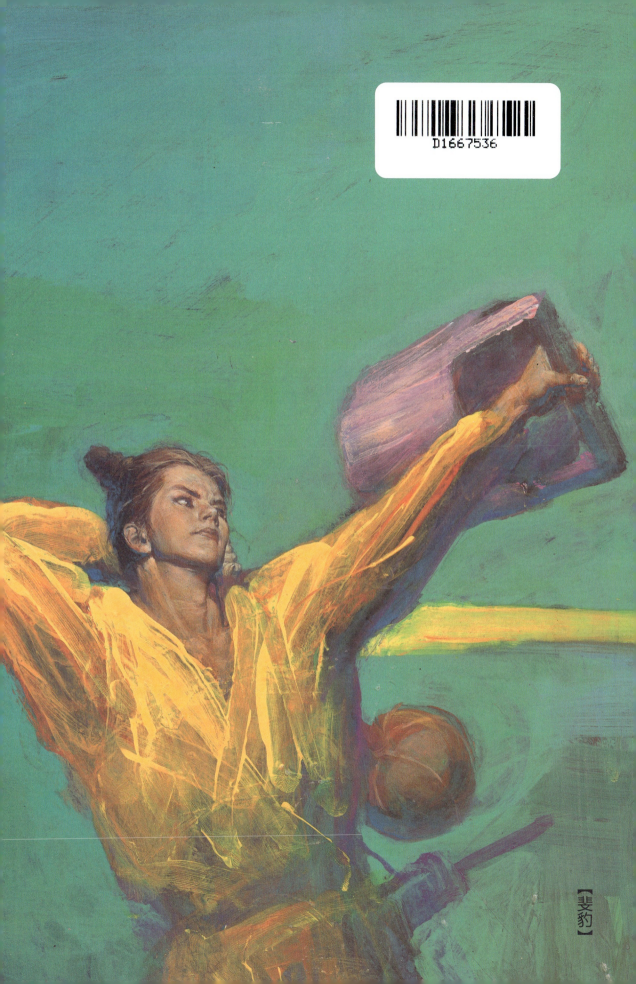

【屈原】

墨子姓墨名翟,战国初期鲁国人,生於孔子之前五世纪约当孔子卒之後孟子之前,与孔门有渊源,同时,墨子是注思想家,批评家,批判当世的儒门,假华心被世的宝门家热,率弟子遍天下,每儒学並稱显学

墨子小像

【墨子】

【申包胥】

姜氏小像

【文姜】

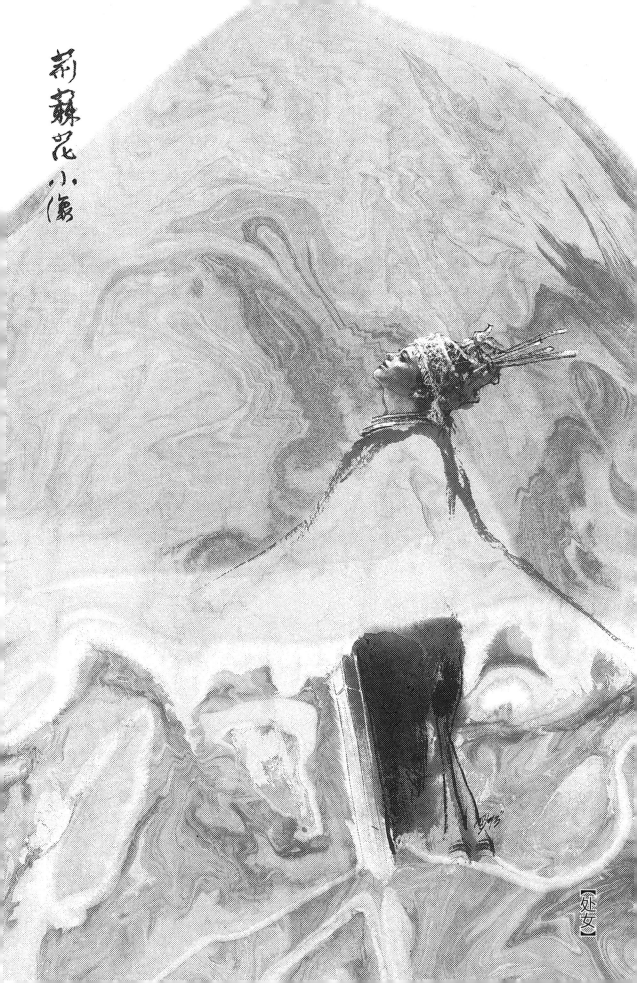

东周英雄传 参

《东周英雄传》关联年表

春秋时代	七七〇（纪元前）	周平王东迁，以洛邑为首都（史称东周）。春秋时代开始。
	七二一	孔子作《春秋》，以是年为首。
	六六〇	北狄入侵，杀毅公，灭卫。齐桓公立卫国公子，是为文公
	六五八	英雄之二十：犬儒君王（卫懿公）
	五七五	齐桓公移文公于河南楚丘，卫国复兴。
	五五〇	晋于鄢陵之战败楚。
	五三三	英雄之十七：粪尿将军（斐豹）
	五一五	英雄之二十四：失言的神射手（养繇基）
	四九六	晋贵族互斗甚巨，大夫栾盈在齐庄公暗助下发兵袭晋，一度攻入绛都
	四八〇	伍子胥由楚国赴吴国。
	四七三	吴公子光杀王僚自立为吴王阖闾。
		英雄之二十二：痛哭七夜（申包胥）
		越王勾践打败吴王阖闾，阖闾亡。吴越之争开始
		墨子诞生。
		英雄之二十三：工匠思想家（墨子）
		吴为越所破，夫差兵败自杀。吴灭亡。
		英雄之二十一：好一朵荆棘花（处女）
战国时代	四五三	晋的范、知、中行氏三大夫瓜分晋国
	四〇三	韩、赵、魏成为诸侯，战国时代开始。
	三三八	张仪适秦国任宰相，展开连横政策。
	三一三	楚国误用张仪策略，攻秦国。
		英雄之十八：爱国诗人（屈原）
	二五六	秦国攻灭有名无实的周王朝。
	二四六	秦王嬴政即位，始称秦始皇。
	二三四	秦灭韩。接着逐序灭赵、燕、魏、楚、齐六国。
		秦国大将王翦大破楚军，斩楚国将军项燕。
	二二一	英雄之十九：贪财将军（王翦）
		秦灭齐，统一中国，成功建立最初的大一统帝国。

春秋五霸、战国七雄势力分布图

○ 为春秋国名　□ 为战国国名

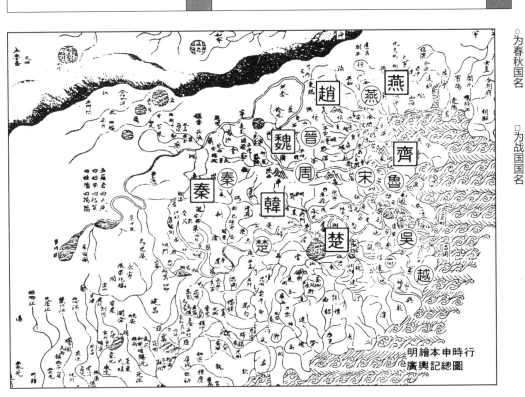

明绘本申时行 廣輿記總圖

旧版跋

你快乐吗？我很快乐、快乐的不是因为收入增加了，而是《第三部东周英雄传》与第二部时隔二年，终于出版了。

而第三部收录了数篇我五年来在日本发表作品中最为完熟的作品，特别值得一提的是荆轲刺秦一篇，虽然只是短短的三十二页，但我也有不尽满意之处，可是有关荆轲刺秦的心境转换，我一直觉的表现不错，可以经的起读者朋友们的热心考验。

另一篇——屠尿将军——是全书最短的一篇，在8页的内容中有着一定的事件与战斗场面，但要的个性、都设有鲜明表达，算是一篇以画面、剧情、乘载人物的作品，当然是一篇可以再补强的作品，但是整个来说，我仍觉的有趣，因为是辦末我就花了近二星期啊！

其它还有王翦与养鹩基，都是我喜欢的单元，因此东周英雄传第三部包含了我这两年中最满意的作品，有时是信手捻来，有时是苦思难产，总结来说，这是我第二次敢向读者朋友们自我推荐的一本书。

一九九三年郑问寄於台湾新店

完

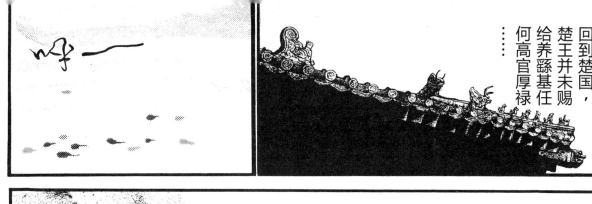

回到楚国,楚王并未赐给养繇基任何高官厚禄……

但养繇基并不在乎,他只要能快乐地射箭就满足了!

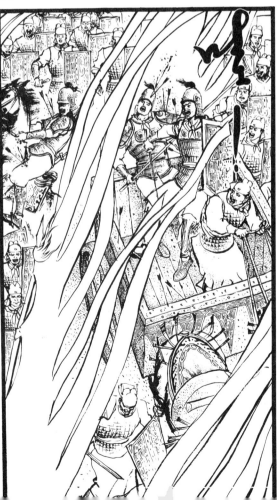

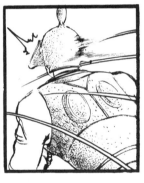

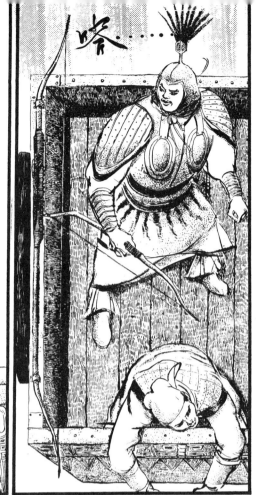

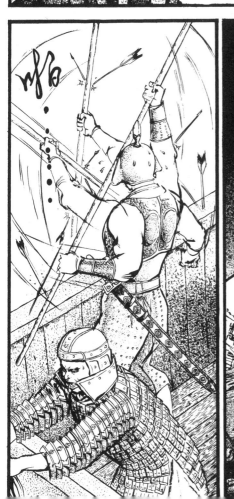

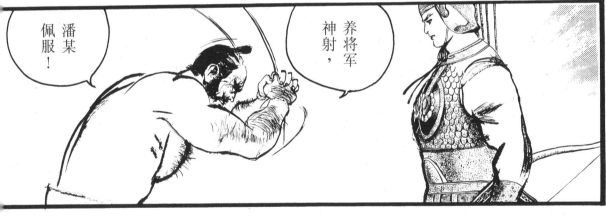

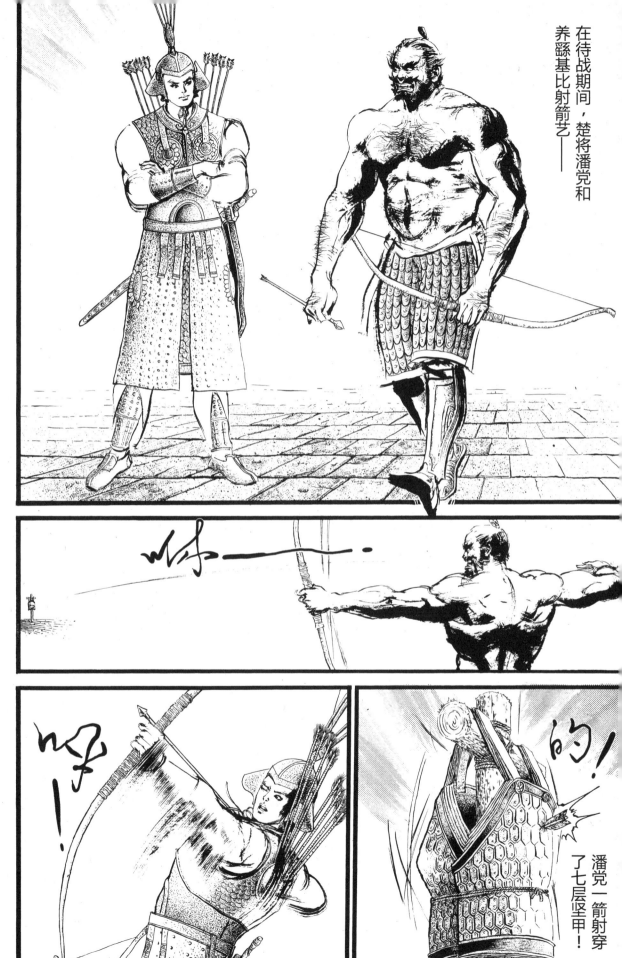

春秋第一射手养繇基,性情单纯,单纯使他专精箭术,无敌于天下……单纯也使他不识俗务,到处得罪人,被群众疏离。

有一天,楚、晋两国为了争夺郑国这个小国,在鄢陵这个地方布阵对峙……

雨虽大，但浇不熄墨子的救世情怀。

但是，墨子这种日夜不休、只有牺牲没有享受的生活思想，也不是常人可以忍受的。

墨子终其一生，都在贯彻宣扬他「兼爱非攻」的主张。

因此，在战国之后，墨学就渐渐式微了。

唉！寡人不攻打宋国就是了。

谢大王！

墨子阻止了楚国的攻守计划后，路经宋国⋯⋯

请让我们进去躲雨。

公输般的意思不过是杀掉我,他认为杀掉我,宋国没人懂得防守的方法,他就可以进攻了。

可是,我早已派遣我那三百名弟子,带着我设计的防守武器,在宋国城墙上等候楚兵。

现在即使杀了我,也无法攻破宋国。

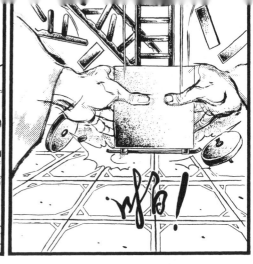

公输般攻了九次，墨子也成功地防守了九次。

公输般的攻击方法全用完了。

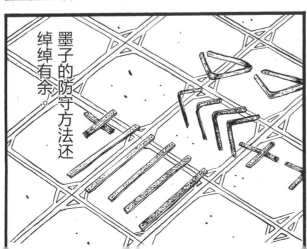

墨子的防守方法还绰绰有余。

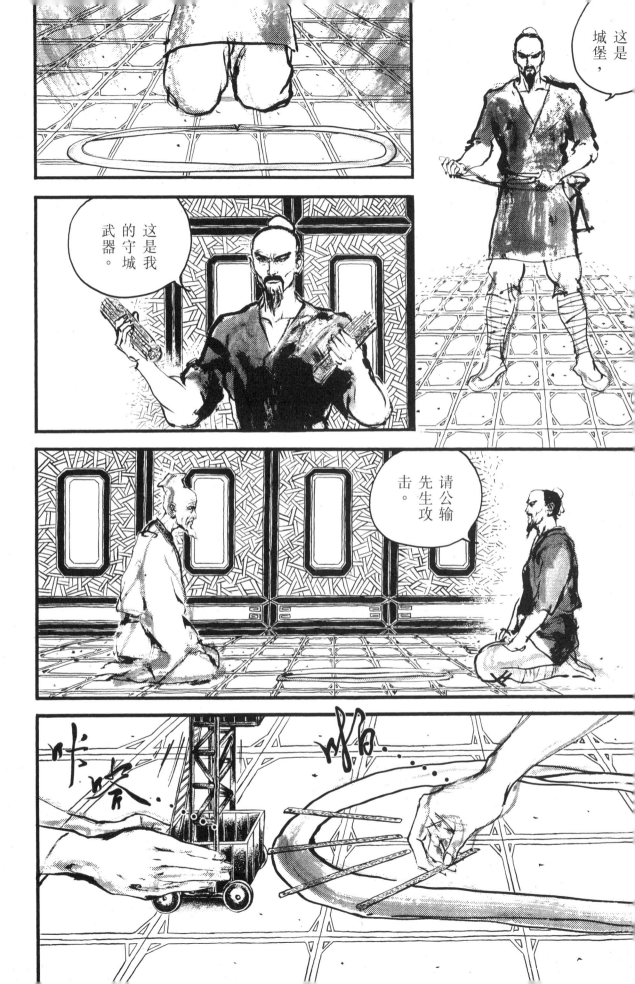

大王，云梯绝非必胜的武器。我愿和公输先生比试攻守的方法。

哦？

夫子啊，论学问我是没你好；论技术方面，可就……嘿嘿！

没关系，试试无妨。

我认为大王不但得不到任何好处,反而有损大王的德行啊!

……

先生说的很对,但是公输般已帮我造好了必胜的云梯,我胜券在握,非攻打宋国不可!

大王，您觉得此人如何？

这个人有偷窃的毛病啊！

楚国的土地有五千里，宋国的土地只有二百里，两者比较，就像华丽的车子和破旧的车子一样。

楚国人口众多，富甲天下；宋国人民少，物产也少，

这就像华丽的衣服和破旧的衣服一样。这样看来，大王派人攻打宋国，不正和那有偷窃毛病的人一样吗？

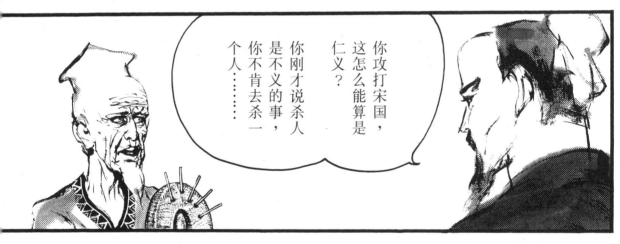

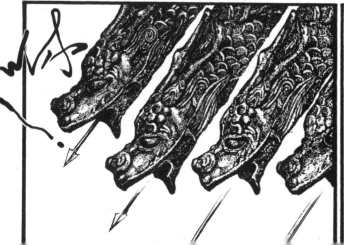

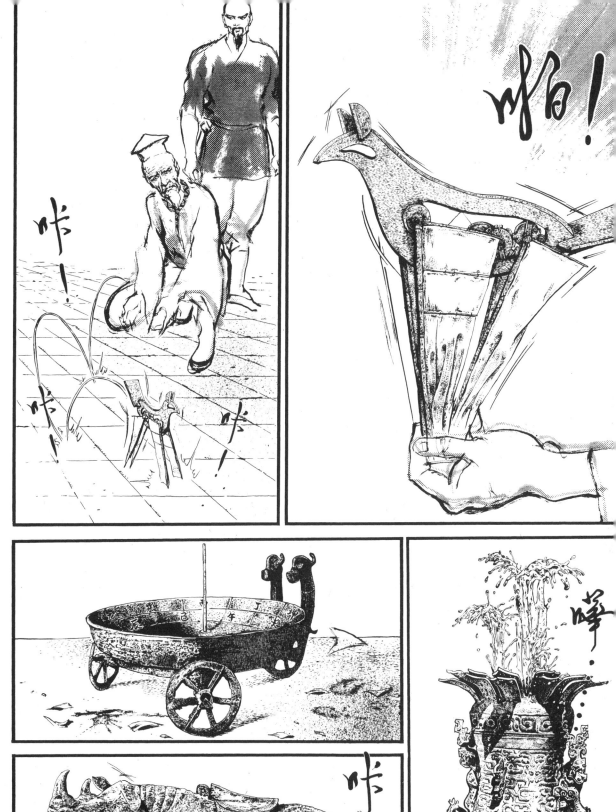

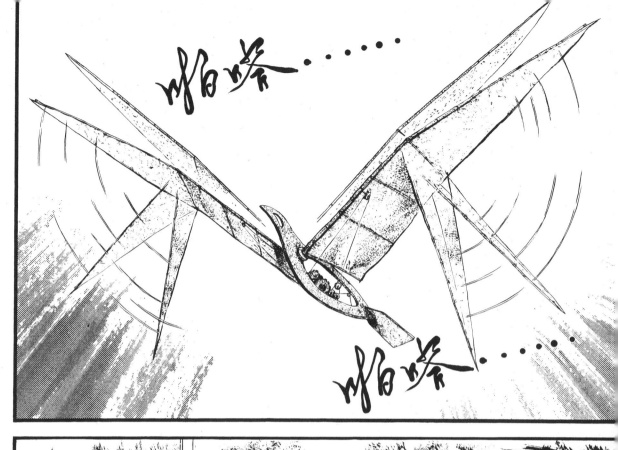

因为千里马才负得起重任!

我也认为你负得起重任。

我明白了,谢老师教诲!

墨子有着坚毅踏实的性格,要求弟子也极为严格,所以门下出了许多杰出的弟子。

墨子,战国时期鲁国人。

他倡导兼爱非攻,常刻苦力行来宣扬他的学说,阻止战争。他崇高的理想,受到各国诸侯的敬重。

因此,墨家与当时的儒家并称为「显学」。

而这次墨子就是要去阻止楚国攻打宋国……

盖新房时别忘了再找他来。

叫墨翟!?

您……您可是墨家的墨子?

搞什么！又在偷懒混工钱啊！

英雄之三十三
工匠思想家
墨子

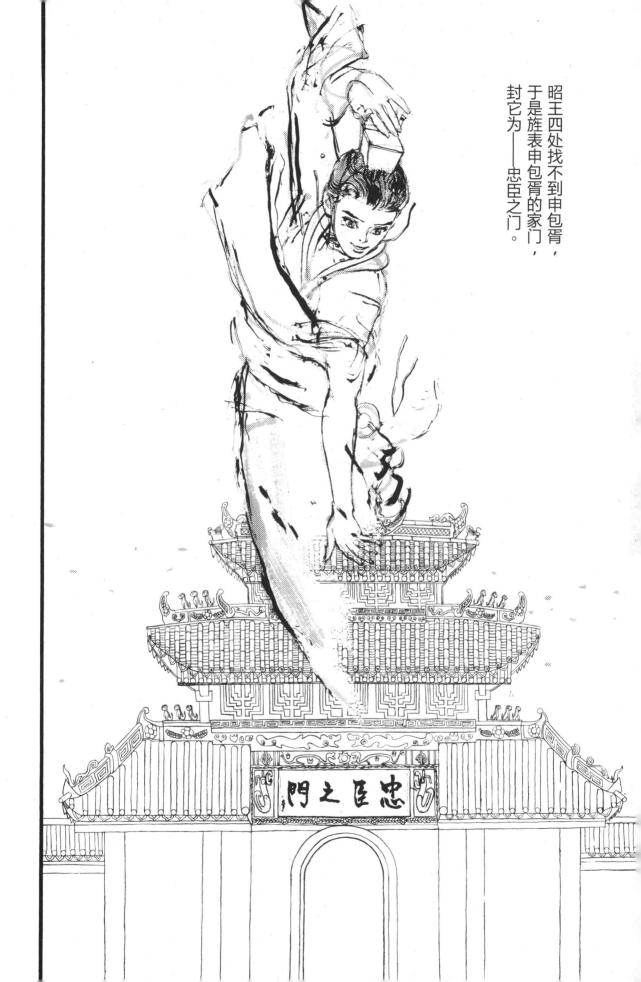

昭王四处找不到申包胥,于是旌表申包胥的家门,封它为——忠臣之门。

谁知申包胥却连夜逃走!

这是你应得的功劳,为什么要逃呢?

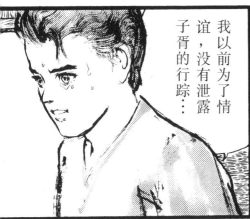

我以前为了情谊,没有泄露子胥的行踪…

使得子胥后来能攻打楚国,这是我的罪过啊!

我怎能以罪过求功呢?

我申包胥,不能如此无耻。

于是申包胥逃入深山,再也不出来。

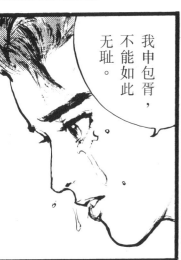

于是命大将子蒲、子虎率大军逼退吴军，解救了楚国。

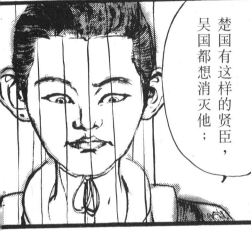

当时在秦国后宫中有二位善哭的嫔妃。

不甘示弱地与申包胥哭斗了四天后……

我输了。

他在玩命，我哭不过他！

第五天申包胥喉咙哭破出血，眼泪也快干了，他依然不停地哭着。

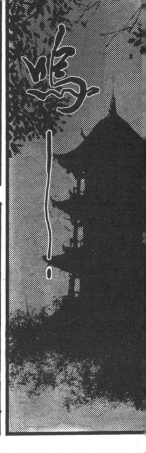

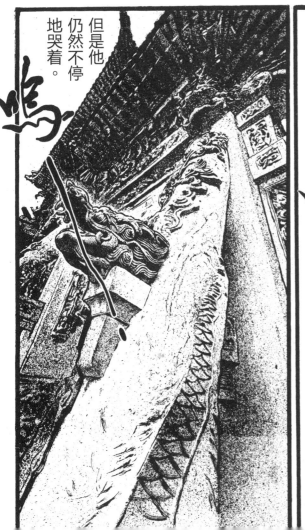

申包胥打算就这么哭死在秦宫中庭。

申包胥心急如焚,请求更急了。

砰!

秦王终于表明不愿发兵!

当时秦哀公好酒，懒于处理国事。

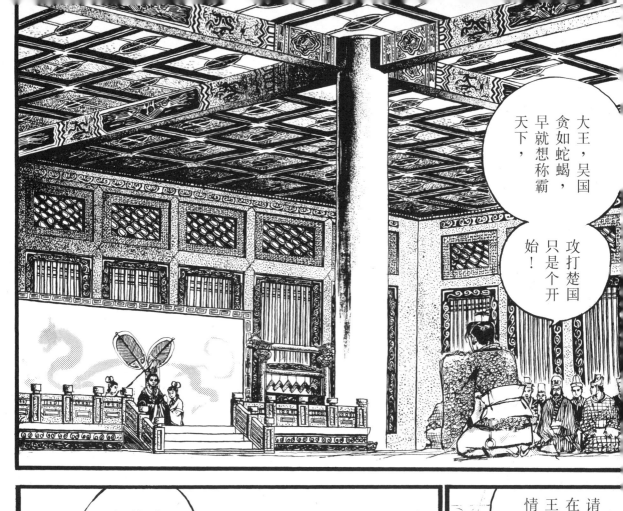

这该如何是好？

现在的大王是秦王的外甥！若要解救楚国，只有去求秦国了。

咑！

秦国国都——雍州

又以为楚昭王到郑国，于是在郑国边境扎营。

将军，申大夫要我向您转告……

大哥您以前也是平王的臣子，现在您掘平王墓，鞭平王尸，

虽说是报仇，但不觉得太过分了吗？请大哥速率大军返回吴国，

不然包胥一定会实现当年保卫楚国的约定。

将军，有密报楚昭王逃到隋国了。

咑！

伍子胥疯狂地追杀楚昭王……

连带地迁怒了许多国家，使得所到之处兵荒连绵。

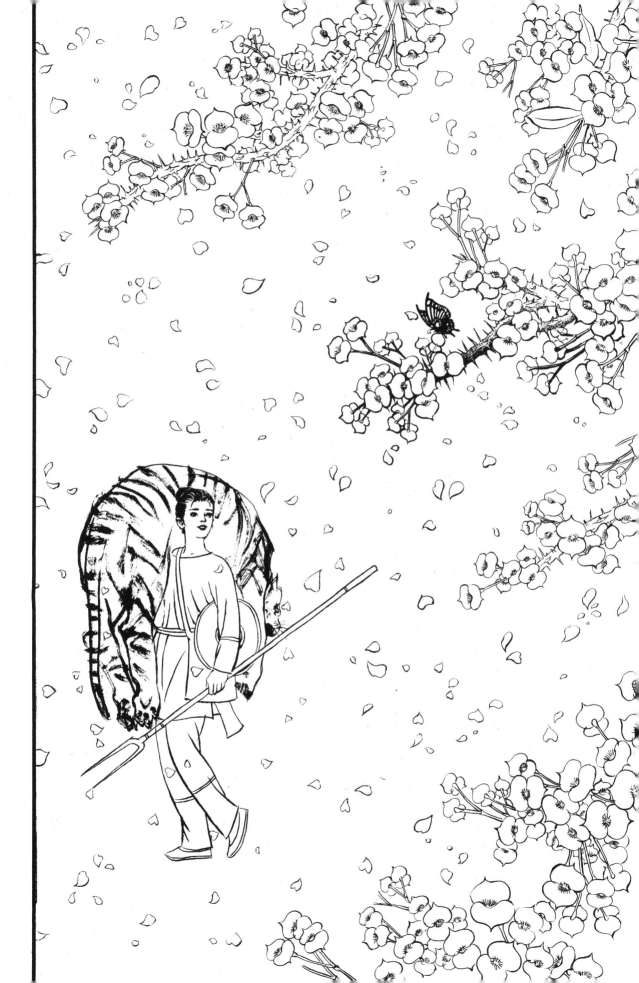

西元前四七三年,
勾践大会诸侯,
称霸中原。
三千荆棘兵占了
很大的功劳。

而那月,
正是荆棘花
满山盛开的时节。

处教头说三千荆棘兵已在军中蔓延茁壮。

处教头呢?

她回山上归隐,还特别交待,请大王不必找她!

哎!

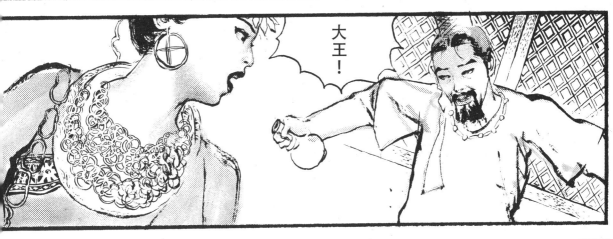

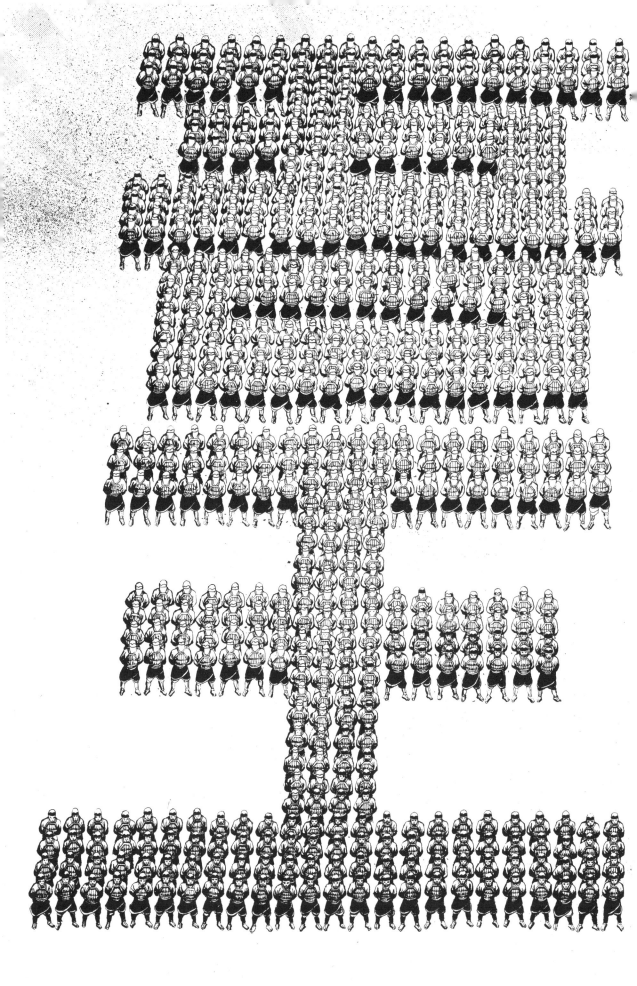

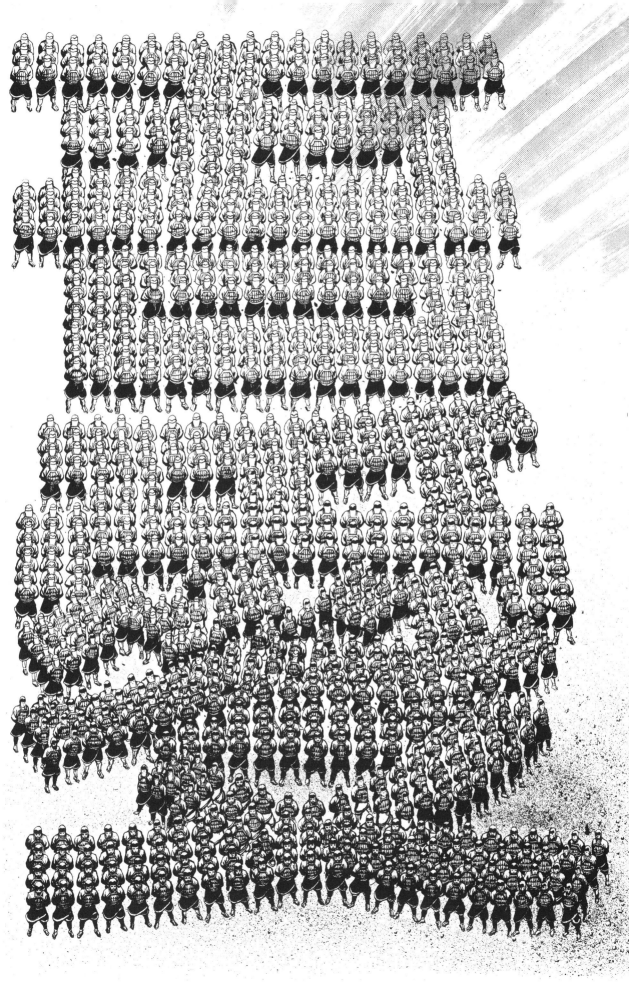

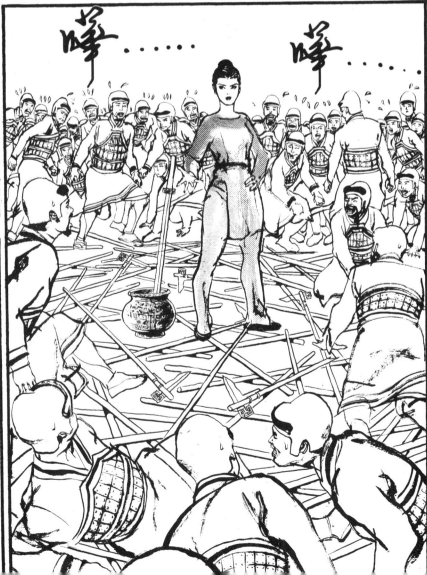

上天要复兴越国，才会派这女剑侠来啊……

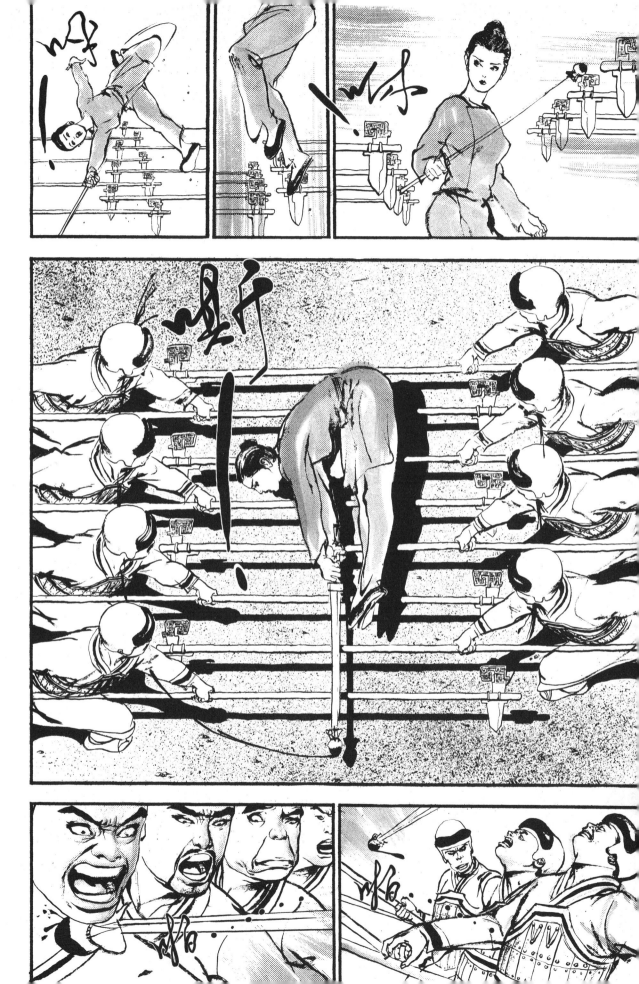

放肆!

大胆!

哈哈!恃才傲物乃性情中人。

不过以一挡百未免太难了点。

就以一对五十,你看如何?

好一朵荆棘花!
这次败战,越国的将军们
为了面子而不敢宣扬……

越王勾践也因好奇而召见了处女。

但是这么好玩的事,早已一传十、十传百,在越国传了开来。

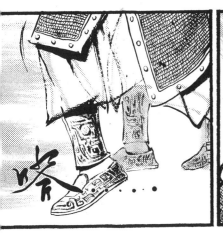

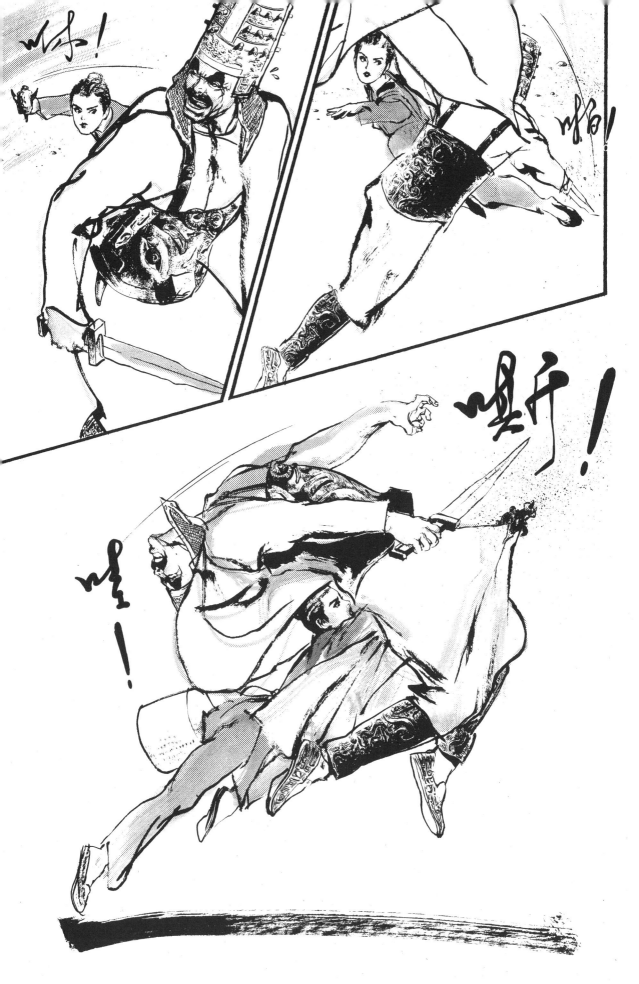

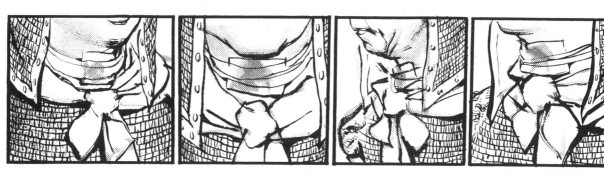

總教頭，您今天得幫我們出口氣啊！

英雄之二十一

好一朵荆棘花

处女

就在丁谡公死去的战场上，升起了无数的磷火，我想，那该是丁谡公骑着鹤前往西方极乐世界吧！

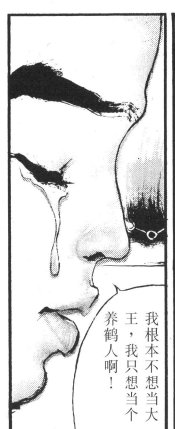

从小大家都说我没主见，瞧不起我，只有鹤真正喜欢我……

我根本不想当大王，我只想当个养鹤人啊！

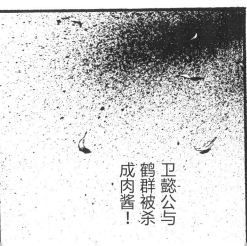

卫懿公与鹤群被杀成肉酱！

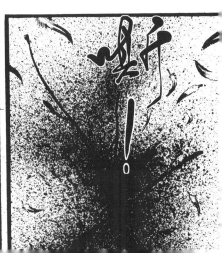

你们走吧,不要为我白白牺牲了。

放心吧,狄人杀得了我,杀不了我爱鹤的心。

大王，再不走就來不及了！！

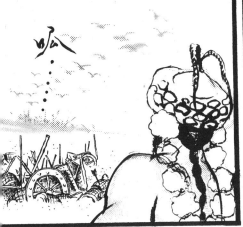

卫懿公爱鹤是吗？

大王快走，我们断后！

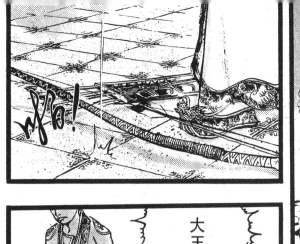请大王马上动手!

大王!

你看!这些鹤已经饿那么多天了,还不肯走!叫我怎么忍心杀得了它们!

立刻叫三军待命,纵然百姓们不肯参战,我也要和狄人决一死战!

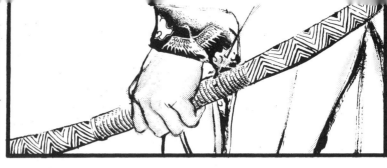

百姓含恨,宁死也不肯抗敌!

现在只有杀鹤一途,方能解除百姓的怨恨。

相国,把刚才的话再说一次,让我狠下心来。

无奈鹤群久受豢养,盘旋鹤园,不肯离去。

卫懿公无奈,只得忍痛将鹤群野放!

大王,国家亡了,鹤也无法生存,请大王快快决定!

你看,大王一定又和上次一样,养一半、放一半啊!

我们宁愿被狄人杀死,也不愿为鹤拼命!

对,顶多跟大王一起死算了。

百姓们都逃到山上,不肯回来打仗啊!

大王,不好了!

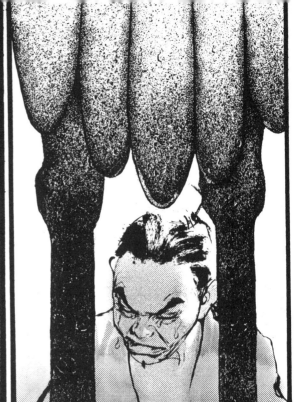

这次的收水措施，使卫国朝廷与百姓间划下了无法抚平的鸿沟。

之后，北方的狄人来袭……

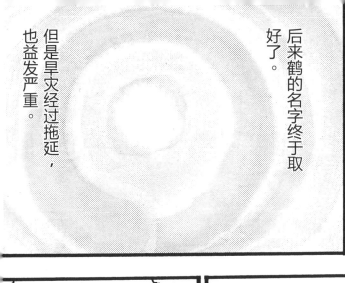

后来鹤的名字终于取好了。

但是旱灾经过拖延,也益发严重。

水呀!

老天不下雨,鹤园又截断水源,叫我们怎么活下去啊?

水,给我们水呀!

放鹤园的水啊!

为了养鹤,征用了大片良田及水源地;

还建造了一座比卫国王宫更富丽堂皇的鹤园。

战国时期——卫懿公喜爱养鹤，因此，卫国又称为鹤国。

卫懿公每次出游，必定以大车载鹤于队伍前；

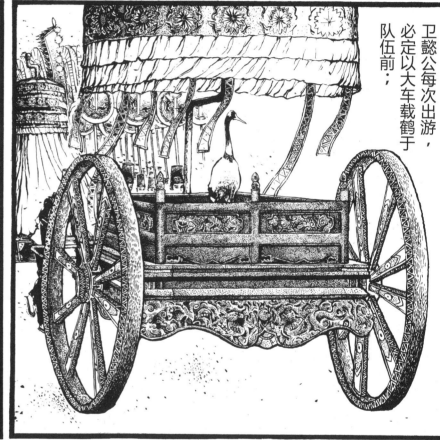

因此该鹤被称为「鹤将军」。

百姓并且争先恐后地捕鹤来换取厚赏。

于是鹤就愈来愈多了。

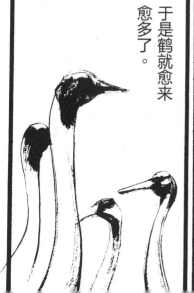

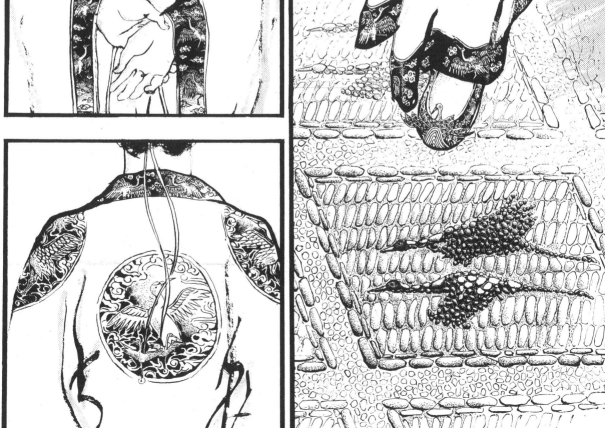

英雄之二十

犬儒君王卫懿公

将军早知道我会败仗,被贬为平民,

当初才会买下我的房子,准备今天送给我?

哈……

那么将军的贪财,也是为了取得大王的信任,才伪装出来的吗?

哈……

秦始皇对王翦的坚定信任,使他无后顾之忧……

终于顺利地消灭了楚国。

王翦在攻楚的途中，不时派使者回咸阳，向秦王请求良田美宅。

大王，王翦贪得无厌，又手握兵马大权……

您得千万小心啊！

老将军也太会操心了,您得胜回来,还怕挨饿、受冻、没有好房子住吗?

我年事已高,好比风中的残烛,想趁这个机会,多置点产业,好让子孙世世代代蒙受大王的恩德。

哈……好,都听你的、都听你的。

谢大王。

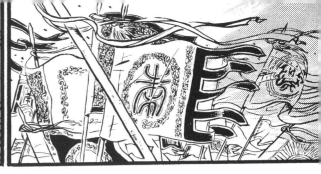

咸阳城内六十万大军整装待发。

这是扣除掉防卫匈奴的守军之外,秦国的全部大军。

这样庞大规模的军队出征,不仅在秦国是头一遭,在中国历史上也是空前的。

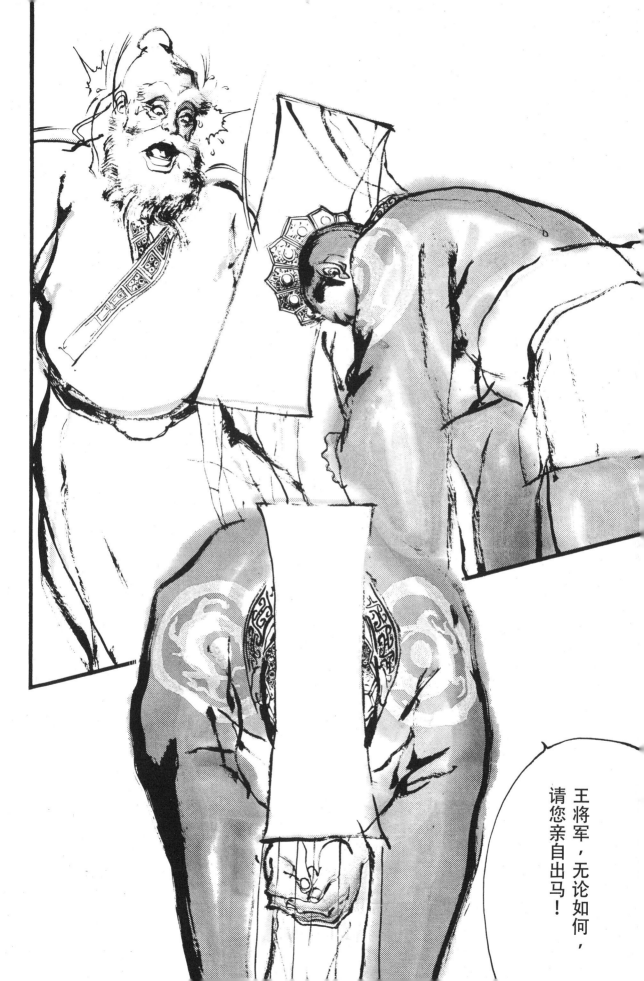

王将军,我后悔当初不听您老人家的话,让李信领军,弄得损兵折将,丧师辱国。

我已经削去李信军职。为了国家,请王将军领兵杀敌。

大王屈驾前来,老臣本不敢违命…

但是老臣已昏庸无用了,实在担不起这个重任,请大王另派得力大将去吧!

我后悔那次不该当面奚落王翦，现在只有厚着脸皮请他出来收拾残局了。

大王，王将军说自己年老多病，请求辞去将军职务，回家养老。

嗯，他也该退休养老去了。

就依他所奏。

是！

不然以市价卖我好了……

不久后，李信率领二十万秦军出发攻打楚国。

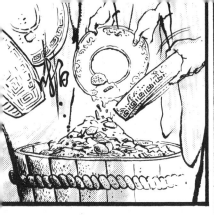

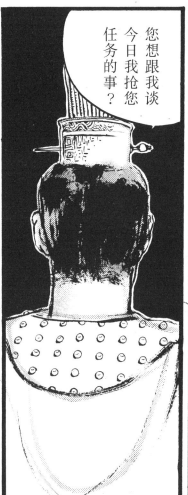

西元前二三四年
秦国宫城——

后来的人,为了哀悼这位伟大的爱国诗人,把他投江的这一天定为端午节。过节时包棕子、划龙舟……都是为了要赶走河中的鱼虾,希望它们不要伤害屈原的身体魂魄啊!

西元前二七八年五月五日，屈原投身汨罗江，结束了他悲壮的一生。

屈原彻底地绝望了,他沿着湖滨走去……

此时，秦军已快速地推进到洞庭湖。

因而流下了许多震古铄今的名诗。

楚国将亡⋯

（楚王印）

顷襄王却以纵情酒色来逃避亡国的压力。

先王啊,您若在世,楚国也不会落到这种地步啊!

屈原胸中满腔的苦闷,只有靠不停地写诗来发抒心中的痛苦。

此时秦军已展开消灭六国的攻势。

楚国大军屡屡败北。

屈原看到楚国各地战火蔓延、民不聊生，精神上受到非常大的打击。

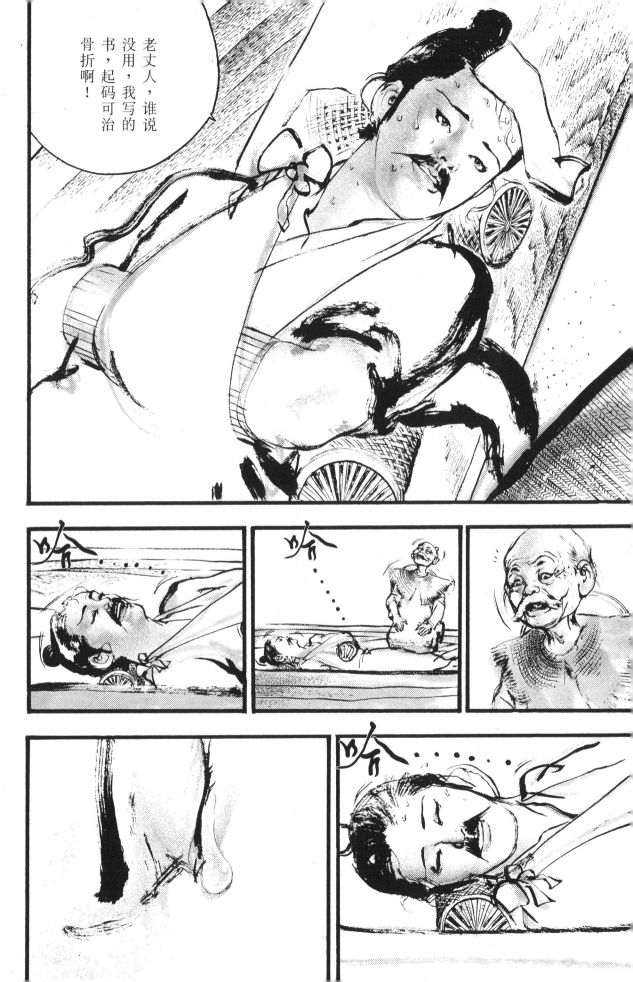

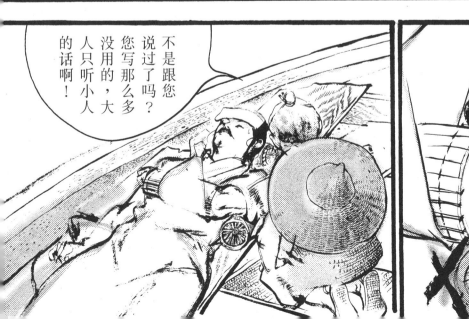

不是跟您说过了吗？您写那么多没用的，大人只听小人的话啊！

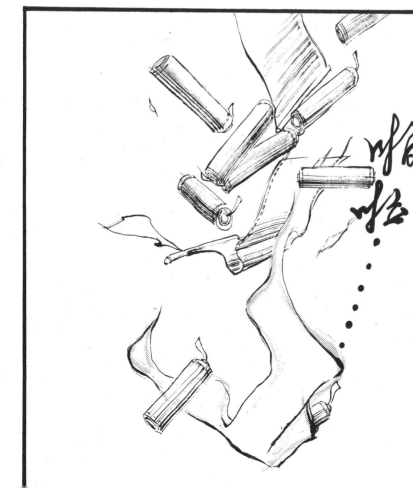

操吾戈兮被犀甲
車錯轂兮短兵接
旌蔽日兮敵若雲
矢交墜兮士爭先
凌余陣兮躐余行
左驂殪兮右刃傷
霾兩輪兮縶四馬
援玉枹兮擊鳴鼓
天時懟兮威靈怒
嚴殺盡兮棄原野
出不入兮往不反
平原忽兮路超遠
帶長劍兮挾秦弓
首身離兮心不懲
誠既勇兮又以武
終剛強兮不可凌
身既死兮神以靈
魂魄毅兮為鬼雄

顷襄王大怒，削去屈原职务，流放江南。

韩国国王非常仰慕屈原。

知道屈原被流放，想迎屈原前往协助治理天下。

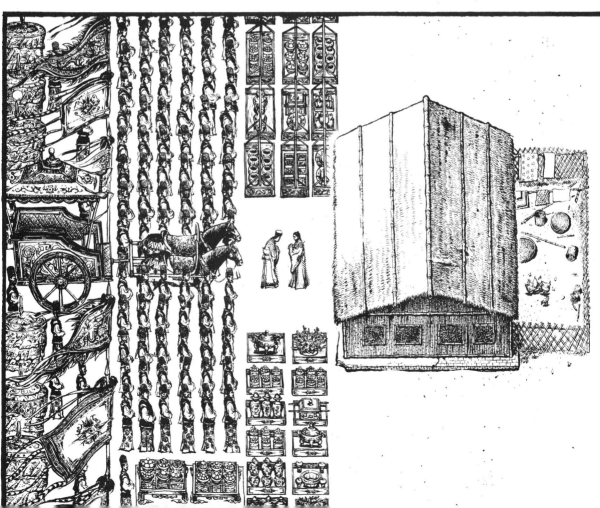

新王继位，屈原一心想为楚怀王报仇，游说大臣们支持他的反秦政策。

而大臣们或贪图苟安，或受秦国收买。

没人听得进屈原的话，甚至还进谗言侮辱他。

大王，屈原不受重用，怀恨在心，常向大臣们说大王已经忘记先王的仇恨，是不孝子啊！

于是向来懦弱的楚怀王，拼了命也不肯答应割地！

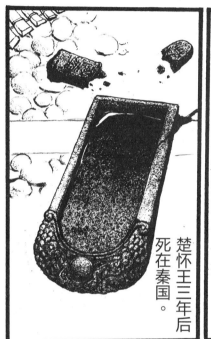

楚怀王三年后死在秦国。

他的长子太子横继位，是为楚顷襄王。

果然不出屈原所料，楚怀王一进武关，随行的五百兵卒全数阵亡！

楚怀王被挟持到咸阳……

秦昭王逼其割让土地。

抓走！

大王！大王！

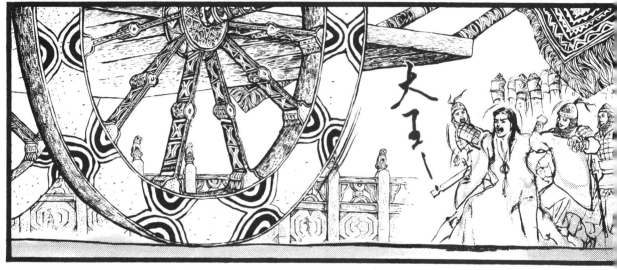
大王～

天啊！楚国就要灭亡了啊！

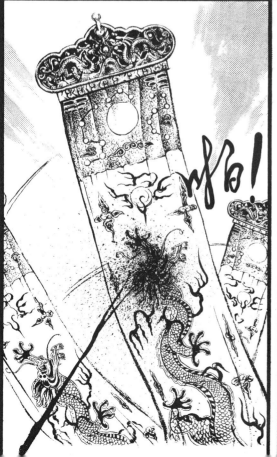

这种国家,大王万万不可前往。

今天是两国讲和、机不可失的日子,你触什么霉头!

屈卿!

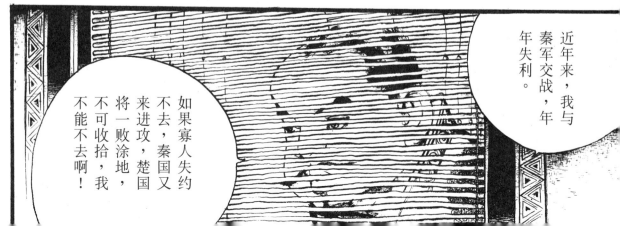

近年来,我与秦军交战,年年失利。

如果寡人失约不去,秦国又将一败涂地,不可收拾,我不能不去啊!

大王，不可前往。

大王，秦国是虎狼一样的国家，只讲武力，不重仁义，楚国也曾多次上当。

上回以六里地诈欺大王、破坏齐楚联盟，使我楚国将士死伤数十万。

楚秦联婚,这下起码可安心地过七、八年日子了。

是啊!
是啊!

屈原被围殴时，在山上的楚国兵马冷眼旁观、不为所动。

报告将军，我看不下去了，我冲下去吧！

大王听屈原的话要拦截张仪，可没要我们引起战争。

更何况，是谁推动改革，让我们被改编到这三流的部队中呢？

……

战国末期——
张仪以天下无双的口才
脱出楚国的牢狱……

相国为什么急着赶路?

你没听说楚国的屈原要回来了吗?

这人不识时务,又直又硬,早就失去了权势。以相国叱咤天下的口才,又何必怕他!

不错,我的口才虽然可以说动天下,却说不动这不识时务、又直又硬的人啊!

大秦国境

爱国诗人 屈原

英雄之十八

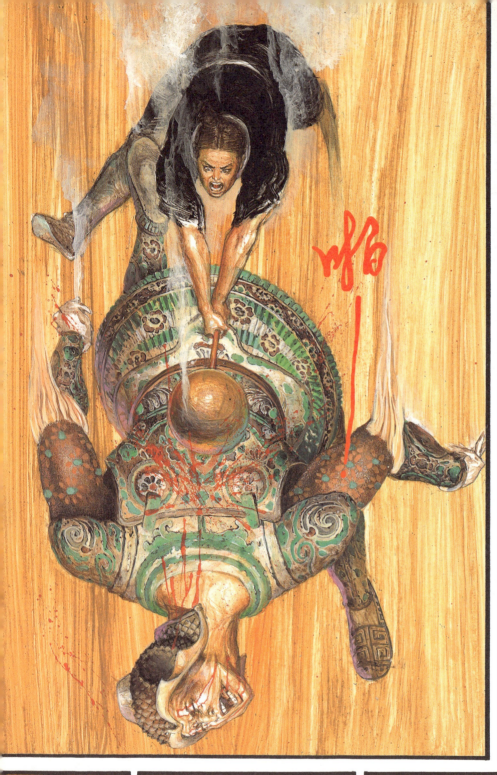

督戎天生神勇,你不过是个倒屎清尿的奴隶,拿什么跟他打?快退下!

哦?

小人小时候,常和督戎玩斗在一起,非常了解他的性格与脾气。明日出战,小人有必胜把握!

小人斐氏一族,因小人父亲犯罪,使得族人全被贬为奴隶。

嗯……

小人希望能借打败督戎,为父亲赎罪,让族人平反,不再为奴。

晋国元帅 范匄

你们平时只会自夸勇武！现在督戎来了，却没人敢去迎战？

啪！

哼！一群没用的东西！

晋国奴隶 斐豹

元帅，我想请命与督戎决一死战！

东周英雄传 参

目次 contents

新版序 ○○五

英雄之十七 粪尿将军 斐豹 ○○七

英雄之十八 爱国诗人 屈原 ○一五

英雄之十九 贪财将军 王翦 ○四七

英雄之二十 犬儒君王 卫懿公 ○七七

英雄之二十一 好一朵荆棘花 处女 一○九

英雄之二十二 痛哭七夜 申包胥 一四一

英雄之二十三 工匠思想家 墨子 一七三

英雄之二十四 失言的神射手 养繇基 二○五

旧版跋 二三七

历史年表、地图 二三八

新版序

春秋时代和战国时代合称为「东周」。春秋时期，国王被臣子和敌人杀死的就有四十三位，大小战役多达四百多起。那是个人人想争王、处处闹造反的黑暗时代，同时也是个大变革的辉煌年代。不世出的天才思想家，如儒家、道家、阴阳家、纵横家……接连震撼登场。

就是这么一个波澜万丈的舞台，当时年轻的我充满野心地把它当作第一次登陆日本所发表之作品的背景，创作时往往为了一个英雄人物，就得翻阅查找许多史料、史籍，也在读史的过程中得到了一些新的感受与观点。

我一直觉得「以史鉴今」是个不堪的笑话。历史从来是为了被遗忘而写的，然而跨越千古再起的感动是可以随时被唤起的。希望当时我接触史料所受到的感动，能透过《东周英雄传》这套作品传递到各位读者内心深处，这将会是我很大的荣耀。

郑问敬字

二○一二年六月十一日新店家中

东周英雄传 參

东周英雄传
参
郑问

【养繇基】Yang Youji

屈原

Qu Yuan

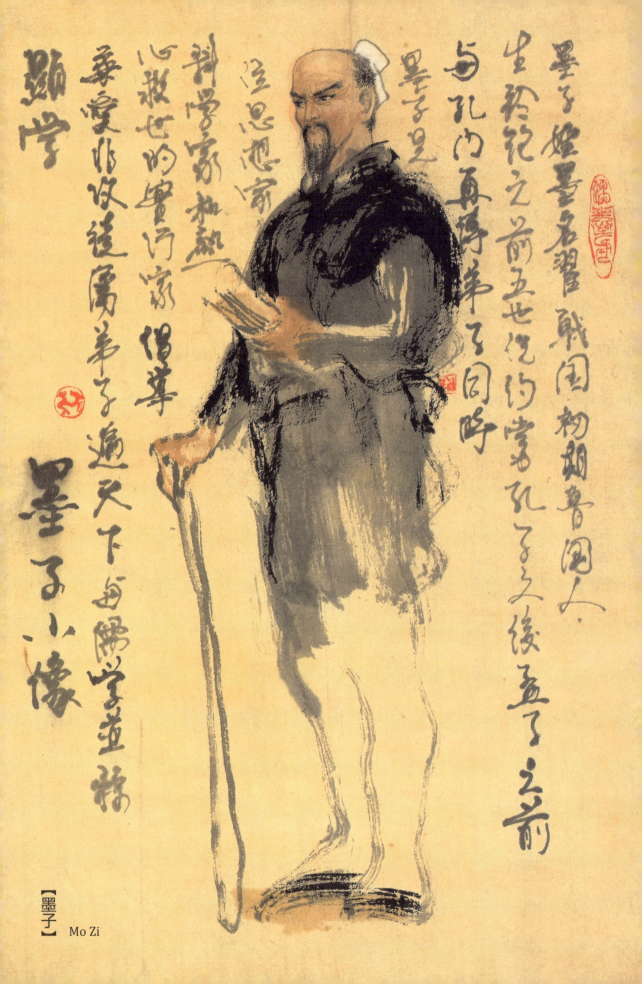

墨子小像
[墨子] Mo Zi

墨子姓墨名翟 戰國初期魯國人 生於紀元前五世紀約當孔子去世之後孟子之前 與孔門再傳弟子同時 墨子是 思想家 科學家 初學於儒門 倡兼愛作反儒 弟子遍天下 為儒學並稱顯學

【申包胥】
Shen Baoxu

姜氏小像

【文姜】 Wen Jiang

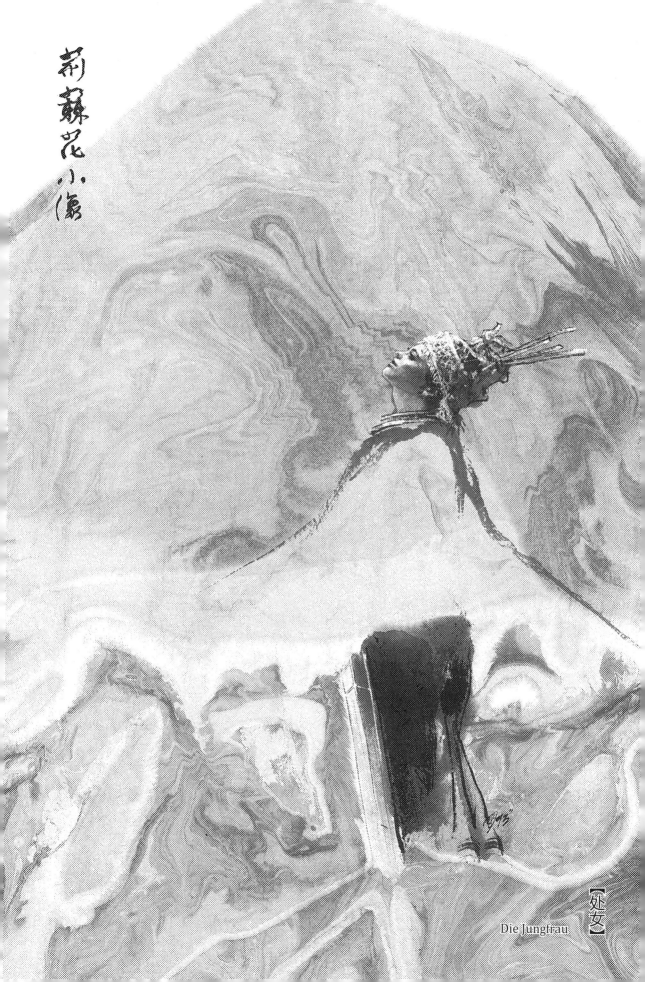

【西施】 Xi Shi

HELDEN DER ÖSTLICHEN ZHOU-ZEIT
BAND III: DER KRANICHKÖNIG

东周
英雄
传

《东周英雄传》关联年表

时代	年份（纪元前）	事件
春秋时代	七七〇	周平王东迁，以洛邑为首都（史称东周）。春秋时代开始。
	七二一	孔子作《春秋》，以是年为首。
	六六〇	北狄入侵，杀懿公、灭卫。齐桓公立卫国公子，是为文公。
	六五八	英雄之二十：犬儒君王（卫懿公）
	五七五	齐桓公移文公于河南楚丘，卫国复兴。
	五五〇	晋于鄢陵之战败楚。
	五三三	英雄之十九：失言的神射手（养繇基）
	五一五	晋贵族互斗甚钜，大夫栾盈在齐庄公暗助下发兵袭晋，一度攻入绛都
	四九六	英雄之十七：粪尿将军（斐豹）
	四八〇	伍子胥由楚国赴吴国。
	四七三	吴公子光杀王僚自立为吴王阖闾。
		英雄之二十二：痛哭七夜（申包胥）
		越王勾践打败吴王阖闾，阖闾亡。吴越之争开始
		墨子诞生
		英雄之二十三：工匠思想家（墨子）
		吴为越所破，夫差兵败自杀。吴灭亡。
		英雄之二十一：好一朵荆棘花（处女）
战国时代	四五三	晋的范、知、中行氏三大夫瓜分晋国。
	四〇三	韩、赵、魏成为诸侯，战国时代开始。
	三三八	张仪适秦国任宰相，展开连横政策。
	三一三	楚国误用张仪策略，攻秦国。
	二五六	英雄之十八：爱国诗人（屈原）
	二四六	秦国攻灭有名无实的周王朝。
	二三〇	秦王嬴政即位，始称秦始皇
	二二四	秦灭韩。接着逐序灭赵、燕、魏、楚、齐六国。
	二二一	秦国大将王翦大破楚军，斩楚国将军项燕。英雄之十九：贪财将军（王翦） 秦灭齐，统一中国，成功建立最初的大一统帝国。

春秋五霸、战国七雄势力分布图

○ 为春秋国名　　□ 为战国国名

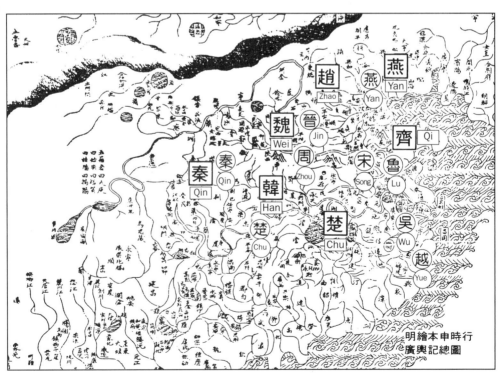

明繪本申時行　廣輿記總圖

Die fünf großen Staaten der Frühlings- und Herbstperiode und die sieben mächtigen Fürstentümer der Zeit der Streitenden Reiche
○ Staaten der Frühlings- und Herbstperiode
□ Staaten aus der Zeit der Streitenden Reiche

Nachwort zur Erstausgabe

旧版跋一

你快樂嗎？我很快樂，快樂的不是因為收入增加了，而是第三部東周英雄傳與第二部時隔二年，終於出版了。

而第三部收錄了數篇我五年來在日本發表作品中最後完熟的作品，特別值得一提的是荊軻花一篇，雖然是短短的三十二頁，直拔也有不盡滿意之處，可是有關荊軻花的心境轉換上，我一直覺的表現不錯，可以經的起讀者朋友們的熱心考驗。

另一篇-尿將軍-是全書最短的一篇，在8頁的內容中有著一定的事件與戰鬥場面，但是夠的個性鋪設有鮮明表達，算是一篇以畫面、劇情、承載人物的作品，當然是一篇可以再補強的作品，但是整個來說，我仍覺的有趣，因為光是綱本我就花了近二星期啊！

其它還有王前弱與養猴基，都是我喜歡的草元因此東周英雄傳第三部包含了我這兩年中最滿意的作品，有時是信手括來，有時是苦思難產，總結來說這是我第二次敢向讀者朋友們自我推薦的一本書。

一九九三年鄭問寫於台灣新店

Zeittafel

Frühlings- und Herbstperiode	
770 v.Chr.	König Ping von Zhou verlegt die Hauptstadt nach Osten, ins heutige Luoyang. Beginn der Östlichen Zhou-Dynastie und der Frühlings- und Herbstperiode.
722 v.Chr.	Mit diesem Jahr setzen die *Frühlings- und Herbstannalen* des Konfuzius ein.[6] (Vgl. Kapitel 16.)
660 v.Chr.	Die Barbaren aus dem Norden fallen ein, unterwerfen das Reich Wei und töten Herzog Yi. Herzog Huan von Qi setzt den Prinzen von Wei als Herzog Wen ein. (Vgl. Kapitel 20.)
658 v.Chr.	Mit Hilfe von Herzog Huan von Qi zieht Herzog Wen von Wei in die neue Hauptstadt Chuqiu (in der heutigen Provinz Henan), und das Reich Wei erstarkt wieder.
575 v.Chr.	In der Schlacht von Yanling (in der heutigen Provinz Henan) besiegt das Reich Jin das feindliche Chu. (Vgl. Kapitel 24.)
550 v.Chr.	Im Zuge heftiger Kämpfe zwischen den Adelssippen des Reichs Jin führt der hohe Beamte Luan Ying mit geheimer Unterstützung von Herzog Zhuang von Qi Truppen zum Angriff auf Jin und nimmt die Hauptstadt Jiang ein. (Vgl. Kapitel 17.)
522 v.Chr.	Wu Zixu flieht aus seinem Heimatland Chu nach Wu.
496 v.Chr.	König Goujian von Yue besiegt König Helü von Wu. Helü stirbt. Beginn des langjährigen Kriegs zwischen beiden Ländern.
480 v.Chr.	Mo Zi wird geboren. (Vgl. Kap. 23)
473 v.Chr.	Wu wird von Yue besiegt. Selbstmord von König Fuchai von Wu, Untergang seines Reichs.
Zeit der Streitenden Reiche	
453 v.Chr.	Das Reich Jin wird von den drei herrschenden Adelsgeschlechtern untereinander aufgeteilt.
403 v.Chr.	Mit dem Aufstieg der drei Herrscher des einstigen Reichs Jin zu Lehnsfürsten beginnt die eigentliche Zeit der Streitenden Reiche.
328 v.Chr.	Der politische Stratege Zhang Yi wird zum Kanzler von Qin ernannt und beginnt damit, Bündnispartner für sein Land zu werben.
313 v.Chr.	Als Reaktion auf Zhang Yis Politik greift Chu das Reich Qin an. (Vgl. Kapitel 18.)
256 v.Chr.	Das Reich Qin löscht die nur noch dem Namen nach herrschende Zhou-Dynastie aus.
246 v.Chr.	Ying Zheng, der spätere Qin Shihuangdi, besteigt den Thron von Qin.
230 v.Chr.	Qin unterwirft Han und in den Jahren danach auch die übrigen Staaten – Zhao, Yan, Wei, Chu und schließlich Qi.
224 v.Chr.	Wang Jian, der Heerführer von Qin, schlägt die Armee von Chu vernichtend und enthauptet den feindlichen Heerführer Xiang Yan. (Vgl. Kapitel 19.)
221 v.Chr.	Mit Qins Sieg über Qi ist China vereint und das erste Kaiserreich begründet.

[6] Entsprechend dem in diesem Werk behandelten Zeitraum setzt die Geschichtsschreibung den Beginn der Frühlings- und Herbstperiode meist erst auf das Jahr 722 v.Chr. an (und das Ende schon auf das Jahr 481 v.Chr.). Die traditionelle Zuschreibung der *Annalen* an Konfuzius gilt heute als zweifelhaft. (Anm. des Übers.)

Chinesischlerner finden auf der Webseite **www.manhua.ch** Vokabellisten chinesischer Wörter mit deutscher Übersetzung sowie Inhaltszusammenfassungen in einfacher Sprache für den chinesischsprachigen Teil dieses Buches.

Auf www.manhua.ch gibt es auch weitere Informationen über den Künstler Chen Uen.

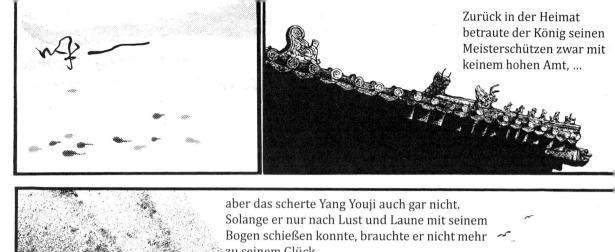

Zurück in der Heimat betraute der König seinen Meisterschützen zwar mit keinem hohen Amt, ...

aber das scherte Yang Youji auch gar nicht. Solange er nur nach Lust und Laune mit seinem Bogen schießen konnte, brauchte er nicht mehr zu seinem Glück.

Zwar verlor Chu den Krieg, aber weil Yang vorwegritt und die feindlichen Generäle tötete, ...

wagte die Armee von Jin nicht näher zu rücken, und die Streitmacht von Chu erlitt keine großen Verluste.

Die Freude des Königs war so groß, dass er Yang sein Gewand aus Brokat und hundert kostbare Pfeile schenkte.

Die Soldaten von Chu nannten ihn alle „Einpfeil Yang", weil er mit nur einem Pfeil seinen König gerächt hatte – und weil keiner seiner Pfeile je sein Ziel verfehlte.

Einpfeil Yang! Einpfeil Yang!

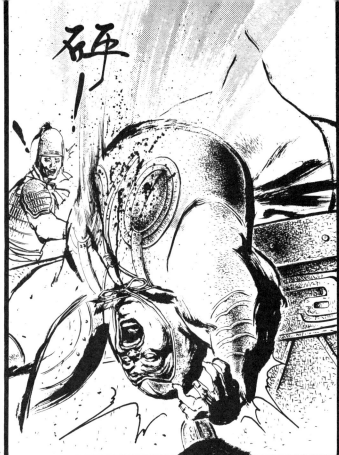

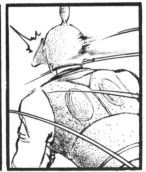

Yang Youji!

General, das ist Yang Youji!

Grüne Rüstung ... Ein dicker General ...

Eigentlich hätte König Gong auf dem von Yang Youji gelenkten Kriegswagen fahren sollen, aber aus Abneigung gegen Yang hatte er einen anderen Wagen bestiegen.

Tötet sie!

Zum Angriff!

Macht sie nieder!

Was seid Ihr denn so wütend?

Beim Essen kann ich wirklich nicht mit Euch mithalten!

Brüll!

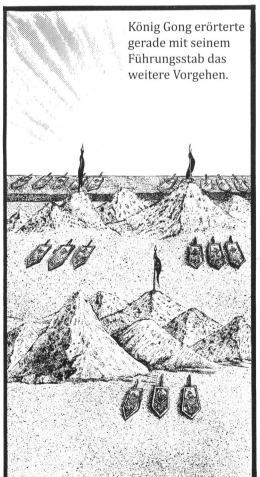

König Gong erörterte gerade mit seinem Führungsstab das weitere Vorgehen.

dass wir Seiner Majestät unbedingt Bericht erstatten müssen.

Ja, richtig! Ihr seid beide so überragende Bogenschützen, ...

Oh ja! Solch außergewöhnliche Fähigkeiten dürfen nicht im Verborgenen bleiben!

- da dürft Ihr doch nicht übereinander herfallen!

Wir ziehen gegen Jin in den Krieg - ...

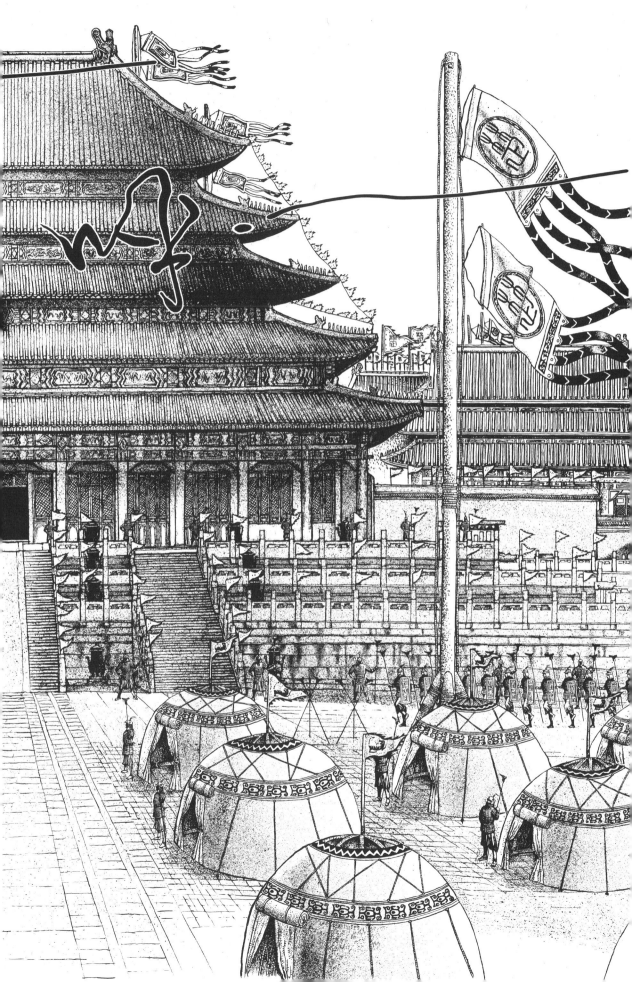

Aufgrund seiner einfältigen Natur vernachlässigte er auch seine täglichen Pflichten und stieß immer wieder andere vor den Kopf, so dass er allseits gemieden wurde.

Yang Youji war der größte Bogenschütze der Frühlings- und Herbstperiode. Er war von so schlichtem Gemüt, dass er sich auf nichts als das Bogenschießen verstand – aber darin konnte ihm keiner das Wasser reichen.

Eines Tages ließen die Herrscher der beiden Reiche Chu und Jin ihre Heere in Yanling[7] aufmarschieren, denn jeder von ihnen wollte das kleine Land Zheng an sich reißen.

[7] Im Zentrum der heutigen Provinz Henan. (Anm. des Übers.)

Toll!

Stark!

Was gibt es denn da zu klatschen?

Einen Affen erschießen ist doch ein Kinderspiel.

Aber nehmt Euch in Acht, dass Ihr nicht unwillentlich etwas Kränkendes sagt.

General, alle rühmen Euch, weil Ihr so ein fantastischer Schütze seid!

KAPITEL XXIV:
DER TAKTLOSE MEISTERSCHÜTZE
YANG YOUJI

Sein ganzes Leben lang warb er für seine Überzeugungen: für eine allgemeine Menschenliebe und gegen Angriffskriege.

Doch auch der strömende Regen konnte Mo Zis Sendungsbewusstsein nicht zum Erlöschen bringen.

und so erlebte seine Lehre nach der Zeit der Streitenden Reiche einen schleichenden Niedergang.

Doch seine nimmermüde Lebensphilosophie, die nur Opfer, keinen Genuss kennt, überfordert die gewöhnlichen Menschen, ...

und er könnte ungehindert angreifen.

Gongshu Ban will mich kurzerhand ermorden,

denn er glaubt, dann wäre in Song niemand mehr, der sich auf die Verteidigungskunst versteht, ...

Selbst wenn Ihr mich tötet, könnt Ihr Song nicht mehr erobern.

mit den von mir entworfenen Verteidigungsinstrumenten vorausgeschickt.

Aber ich habe meine dreihundert Schüler schon ...

Sie erwarten Euren Angriff bereits auf den Stadtmauern von Song.

Neunmal griff Gongshu Ban an, aber immer wusste Mo Zi ihn zurückzuschlagen.

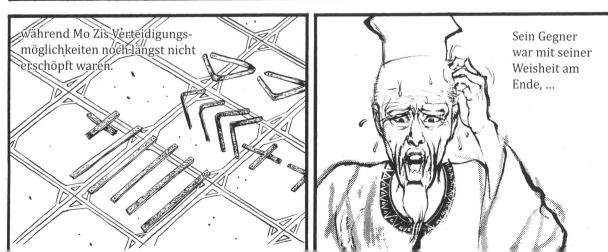

während Mo Zis Verteidigungsmöglichkeiten noch längst nicht erschöpft waren.

Sein Gegner war mit seiner Weisheit am Ende, ...

Eure Majestät, dieser Belagerungsturm bürgt keineswegs für Euren Sieg.

Ich bin bereit, mich mit Meister Gongshu in Angriff und Verteidigung zu messen.

Meister, an Gelehrsamkeit seid Ihr mir überlegen, aber was die Technik angeht ... Hehe!

Ach ja?

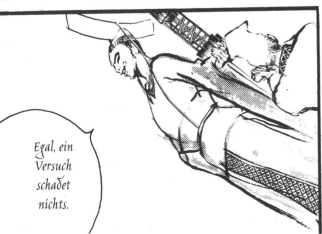

Egal, ein Versuch schadet nichts.

Ich denke, Ihr würdet dadurch keinerlei Vorteil erringen, ...

sondern bloß Schaden an Eurer Moral nehmen.

...

Ihr habt trefflich gesprochen, aber nun, da Gongshu Ban für mich schon einen Belagerungsturm gebaut hat, mit dem mir der Sieg gewiss ist, ...

will ich unter allen Umständen Song angreifen!

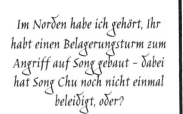
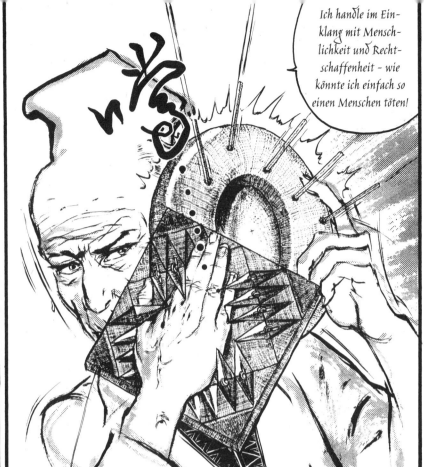

Im Norden habe ich gehört, Ihr habt einen Belagerungsturm zum Angriff auf Song gebaut - dabei hat Song Chu noch nicht einmal beleidigt, oder?

Ich handle im Einklang mit Menschlichkeit und Rechtschaffenheit - wie könnte ich einfach so einen Menschen töten!

Wie könnte Euer Angriff da noch als rechtschaffen gelten! Einen Menschen zu töten, das habt Ihr gerade als verwerflich verurteilt und Euch geweigert, es zu tun, ...

Was soll daran rechtschaffen sein?

und doch seid Ihr im Begriff, viele Menschen zu töten.

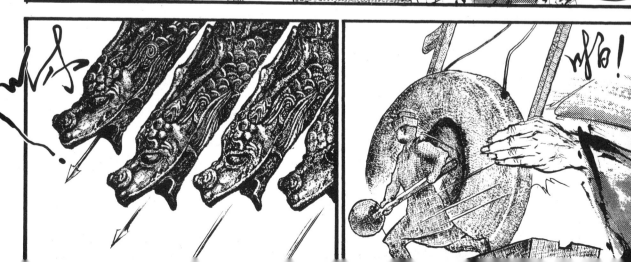

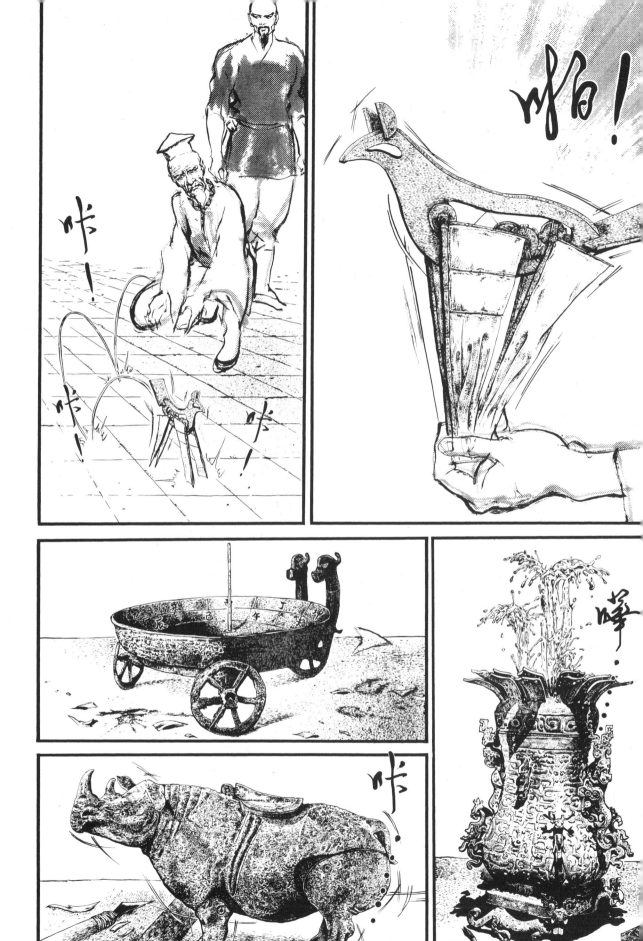

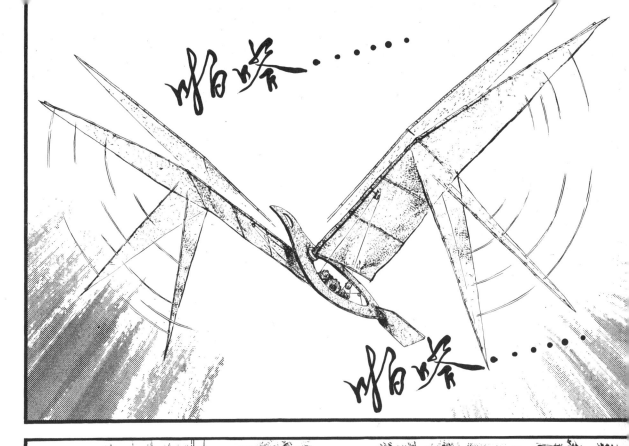

Eben das denke ich auch von dir.

Weil es auch schweren Aufgaben gewachsen ist.

Habt Dank für Eure Belehrung, Meister!

Jetzt verstehe ich!

Mo Zi war gewissenhaft und unbeugsam von Charakter ... und stellte auch an seine Schüler hohe Ansprüche. Deshalb traten unter seinen Anhängern viele außergewöhnliche Schüler hervor.

183

Meister, ich finde, ich bin fleißig und sporne mich oft selbst an. Ich habe mich noch nie gehen lassen!

Warum tadelt Ihr mich trotzdem ständig?

Geng Zhuzi, wo bleibst du denn? Reiß dich gefälligst zusammen!

Wenn du dich auf eine weite Reise begeben ...

und dazu einen Wagen mit einem schnellen, edlen Pferd und einem Ochsen nehmen willst, ...

wen von beiden treibst du mit der Peitsche an?

Und warum das Pferd?

Wen? Natürlich das Pferd.

Mo Zi stammte aus Lu und lebte zur Zeit der Streitenden Reiche.

Er trat für allgemeine Menschenliebe und gegen Angriffskriege ein und suchte beharrlich seine Lehre zu verbreiten, um Kriege zu verhüten. Mit seinen hehren Idealen erntete er die Hochachtung aller Fürsten.

Diesmal wollte Mo Zi einen Angriff des Reichs Chu auf das Reich Song verhindern.

Deshalb wurde die mohistische Schule genau wie die konfuzianische zu den berühmten Schulen gezählt.

Vergiss nicht, ihn zu holen, wenn ich ein neues Haus baue.

Mo Di?!

Ihr ... Ihr seid doch nicht etwa Meister Mo, der Philosoph?

Was treibt ihr denn da! Ich bezahle euch nicht fürs Nichtstun!

KAPITEL XXIII
DER HANDWERKER, DER EIN PHILOSOPH WAR
MOZI

Als der König Shen Baoxu nirgends finden konnte, ließ er vor Shens Zuhause einen Ehrenbogen errichten mit der Aufschrift: „Tor des treuen Beamten."

* Aufschrift auf dem Tor: „Tor des treuen Beamten".

Shen aber ergriff noch in derselben Nacht aus heiterem Himmel die Flucht.

Um unserer Freundschaft willen habe ich einst den Verbleib von Zixu verschwiegen ...

Du hast dir diese Belohnung redlich verdient - warum willst du vor ihr davonlaufen?

So schamlos kann ich unmöglich sein.

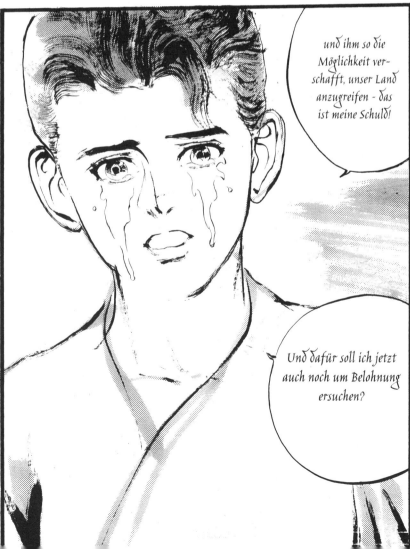

und ihm so die Möglichkeit verschafft, unser Land anzugreifen - das ist meine Schuld!

Und dafür soll ich jetzt auch noch um Belohnung ersuchen?

Und so suchte er für den Rest seiner Tage Zuflucht tief in den Bergen.

Ach, Baoxu! Früher habe ich dich immer verlacht, weil du so nahe am Wasser gebaut hast - ...

ich ahnte ja nicht, dass deine Tränen, so weich sie auch sein mögen, doch unbeugsamer als jede Waffe sind!

Nachdem König Zhao von Chu in seine Hauptstadt heimgekehrt war, belohnte er jeden, der sich Verdienste erworben hatte. Das größte Verdienst aber kam Shen Baoxu zu, der den Fürsten von Qin zur Entsendung seiner Truppen bewegt hatte, und deshalb wollte der König ihn zu seinem höchsten Beamten – zum Kanzler zur Rechten – ernennen.

Dan ... ke ... Eure ... Majestät ...

Und so entsandte der Herzog von Qin unter Führung der Generäle Zi Pu und Zi Hu ein mächtiges Heer, das die Armee von Wu zum Rückzug zwang und Chu rettete.

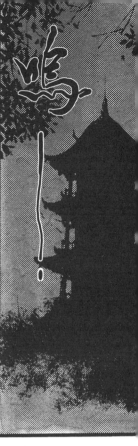

So wollte er sich mitten im Hof des Fürsten von Qin zu Tode weinen.

鳴

Er weinte um sein Land, aber auch um seinen König ...

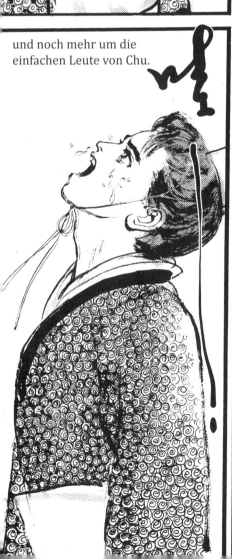

und noch mehr um die einfachen Leute von Chu.

In seiner Verzweiflung blieb Shen vor dem Palast stehen und brach in eine nicht enden wollende Wehklage aus.

Brennend vor Ungeduld wiederholte Shen Baoxu seine Bitte noch dringlicher, ...

bis ihm schließlich der Fürst zu verstehen gab, dass er nicht gewillt war, seine Truppen zu entsenden.

Der Herzog war damals der Trunksucht verfallen und unwillig, sich um die Staatsgeschäfte zu kümmern.

Hüh!

Um Chu zu retten, muss ich Qin um Hilfe bitten. Der jetzige König ist der Neffe des Fürsten von Qin!

Was soll ich nur tun?

Yongzhou, die Hauptstadt von Qin

General, der hohe Herr Shen lässt Euch eine Nachricht übermitteln: ...

Als er glaubte, König Zhao wäre nach Zheng geflohen, schlug er sein Lager an der Grenze zu Zheng auf.

„Bruder, auch Ihr habt einmal König Ping gedient.

Nun aber habt Ihr seinen Leichnam aus dem Grab geholt und ausgepeitscht.

sonst muss ich meine Ankündigung von damals wahrmachen und Chu verteidigen.

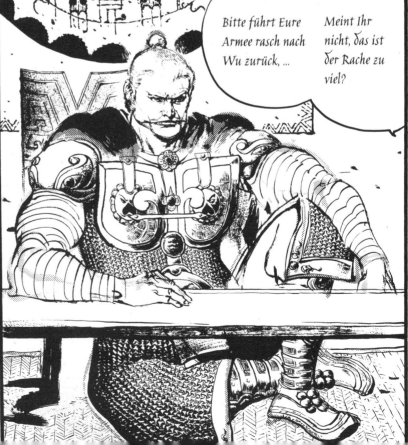

Bitte führt Eure Armee rasch nach Wu zurück, ...

Meint Ihr nicht, das ist der Rache zu viel?

General, wir haben eine vertrauliche Nachricht erhalten: König Zhao von Chu ist nach Sui geflohen.

Hüh!

Wie von Sinnen nahm Wu Zixu die Verfolgung des neuen Königs auf.

In welches Land er auch kam, er überzog es mit Krieg.

In der Folge bekamen viele Reiche seinen Zorn zu spüren.

Großer Bruder!

Shen Baoxu

Wie seid Ihr so in Not geraten?

Der König von Chu, dieser verkommene Narr, ... hat sich mit Gewalt die Frau des Kronprinzen zur Konkubine genommen.

Als mein Vater ihm deshalb offene Vorhaltungen gemacht hat, hat der König sie in den Wind geschlagen, mehr noch, ...

er hat meinen Vater und meinen älteren Bruder köpfen lassen.

KAPITEL XXII:
SIEBEN TAGE WEHKLAGE
SHEN BAOXU

Auf einem großen Treffen der Fürsten im Jahr 473 v.Chr. wurde König Goujian zum Hegemon, zum Obersten aller Lehnsfürsten, erklärt. Einen großen Anteil an diesem Triumph hatten die dreitausend Mann seiner Distelarmee.

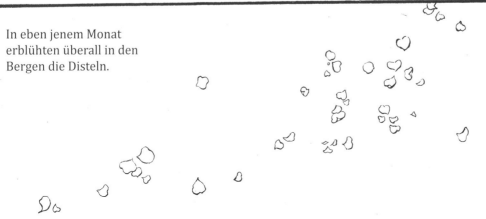

In eben jenem Monat erblühten überall in den Bergen die Disteln.

Wer da?

Auf Befehl seiner Majestät...

Eure Majestät!

Eure Majestät!

Nicht!

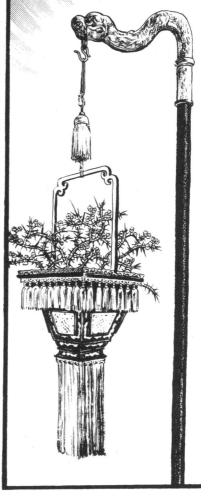

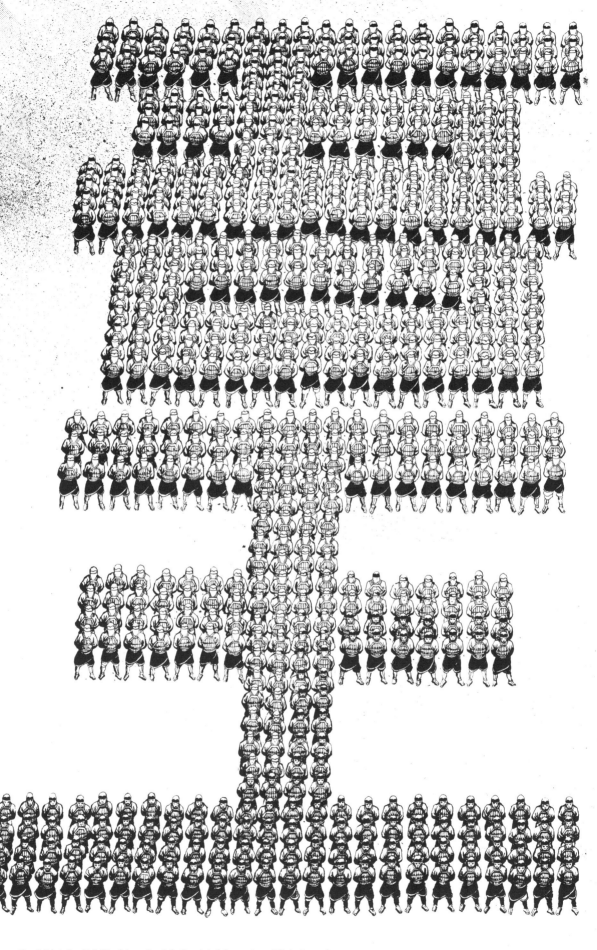

* Die Formation bildet vier Schriftzeichen des Inhalts: „Ich liebe meinen König."

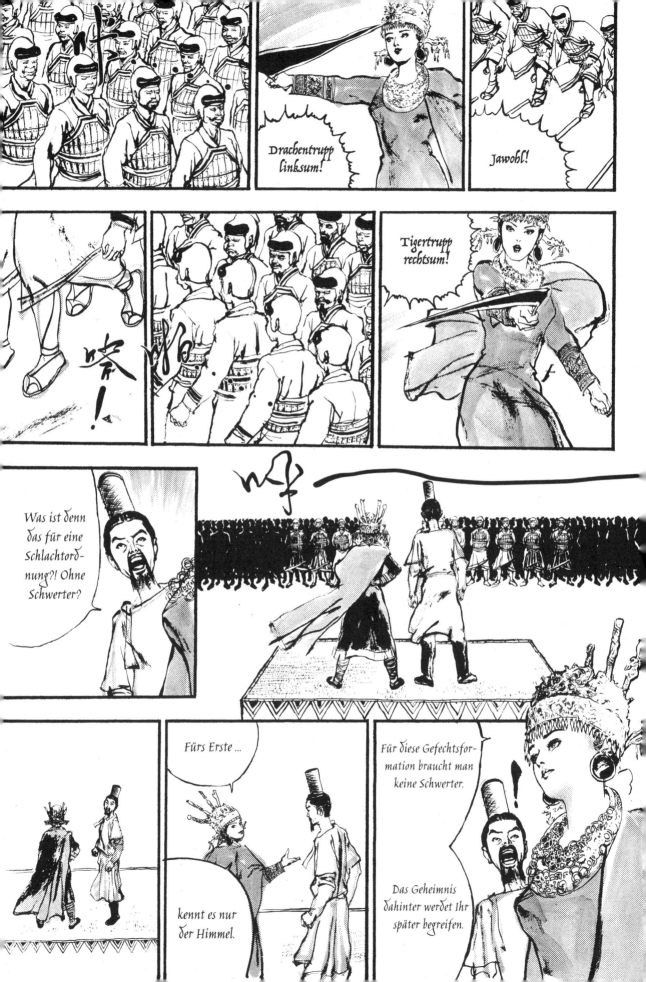

was ihnen prompt den Namen „Distelarmee" einbrachte.

Am nächsten Tag schickte der König dreitausend Mann, damit sie von der „Distel" unterwiesen wurden, ...

Seine Majestät überbringt Euch diese Nachricht und die Blumen.

* „Mit Eurer Arbeit erwerbt Ihr Euch große Verdienste."

Es ist sonst nichts mehr, du kannst gehen.

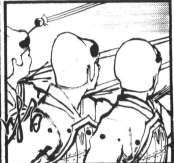

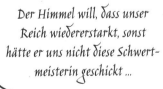

Der Himmel will, dass unser Reich wiedererstarkt, sonst hätte er uns nicht diese Schwertmeisterin geschickt ...

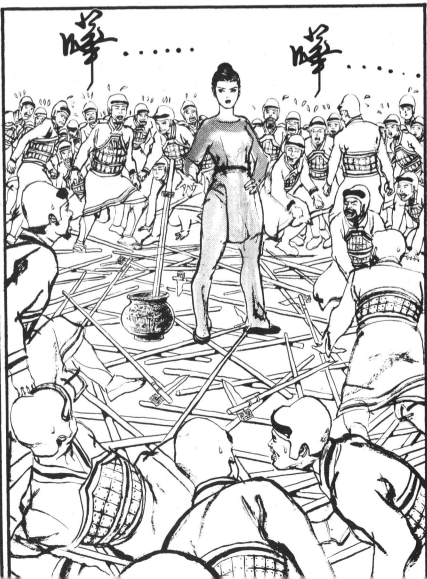

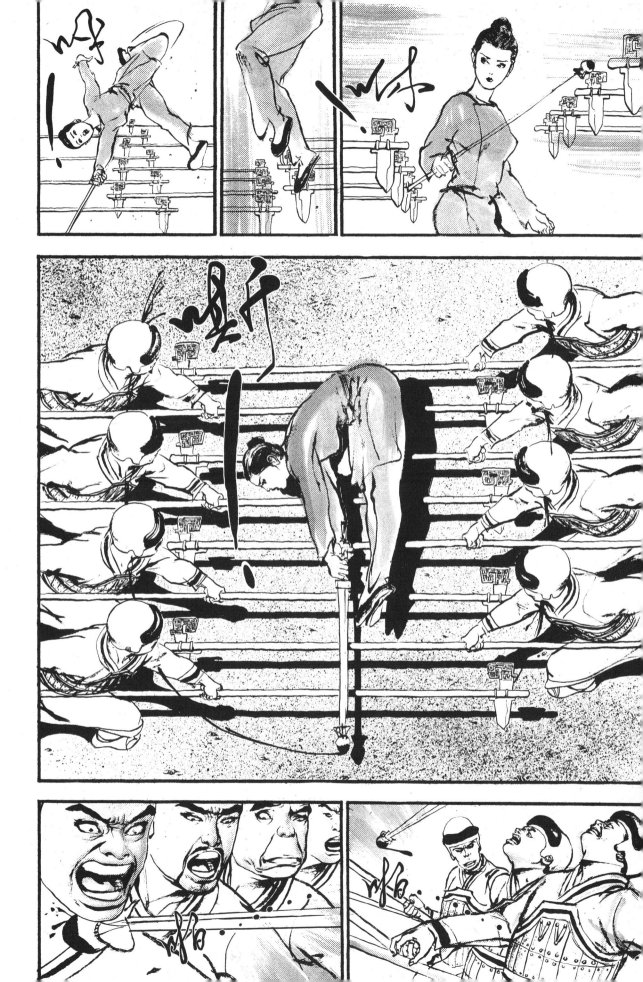

Welch schöne Distelblume! Die Generäle von Yue behielten die erlittene Schmach für sich, ...

aber die Geschichte war zu vergnüglich, als dass sie nicht bald im ganzen Land die Runde gemacht hätte.

Und so rief König Goujian von Yue höchstpersönlich, neugierig geworden, die Jungfrau zu sich.

Uaah! Sie hat seine Eier aufgespießt!

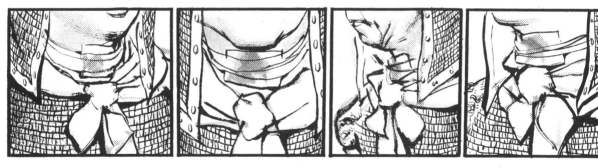

Oberausbilder, Ihr müsst uns heute rächen!

KAPITEL XXI:
DIE SCHÖNE DISTEL
DIE JUNGFRAU

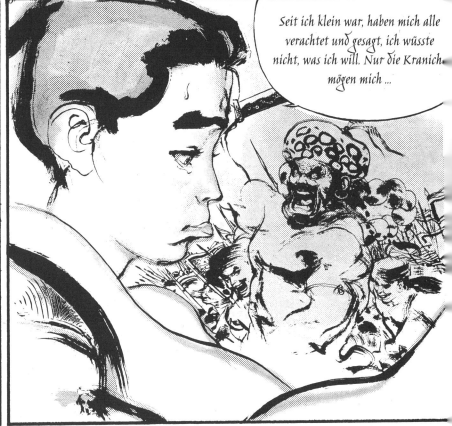

Seit ich klein war, haben mich alle verachtet und gesagt, ich wüsste nicht, was ich will. Nur die Kraniche mögen mich ...

Ich wollte immer nur ein Kranich-pfleger, nie ein Herrscher sein.

Gemeinsam mit seinen Kranichen wurde der Herzog grausam niedergemetzelt.

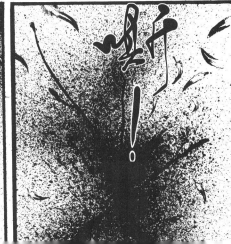

Geht ihr nur. Ihr müsst euch nicht sinnlos für mich aufopfern.

Seid unbesorgt. Mich können die Barbaren töten, aber nicht meine Liebe zu den Kranichen.

Beeilt Euch!

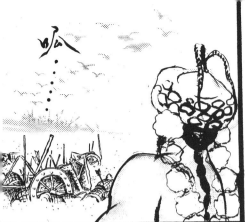

Der Herzog liebt doch Kraniche, oder?

Schnell weg, Eure Majestät, wir decken Euch!

Was jubelst du so? Das ist nicht der Herzog!

Nein? Habt Ihr ihn denn gesehen?

Dummkopf! Siehst du nicht, wie zufrieden er dreinschaut?

Das ist bloß ein Prügelknabe.

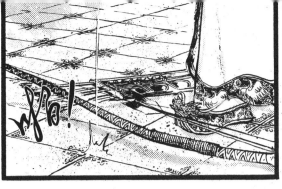

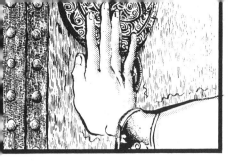

Es bleibt uns nur noch ein Weg, um die Leute zu beschwichtigen: Wir müssen die Kraniche töten!

Vor lauter Groll stirbt das Volk lieber, als dass es dem Feind trotzt.

Kanzler, wiederholt noch einmal Eure Worte, damit ich mich überwinde.

Notgedrungen und schweren Herzens ließ der Herzog seine Kraniche frei.

Doch die Vögel waren es gewohnt, umsorgt zu werden. Hilflos kreisten sie über dem Park und wollten nicht fort.

Eure Majestät, wenn unser Land untergeht, bedeutet das auch für die Kraniche den Tod. Ich bitte Euch: Trefft schnell eine Entscheidung!

Dann lassen wir uns lieber von den Barbaren abschlachten, als dass wir uns für die Kraniche weiter zu Tode schinden!

Genau! Schlimmstenfalls sterben wir eben zusammen mit dem Herzog.

Die Hälfte der Kraniche lässt er frei, die andere Hälfte pflegt er weiter.

Schau mal! Der Herzog macht es bestimmt wie mit dem Wasser: ...

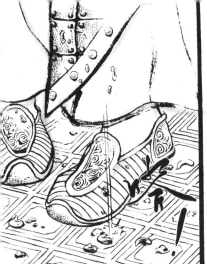

Das Volk ist in die Berge geflohen und weigert sich, für Euch zu kämpfen.

Eure Majestät, schlechte Neuigkeiten!

Die Rücknahme des Wassers schuf einen unüberwindlich tiefen Graben zwischen dem Hof und dem Volk von Wei.

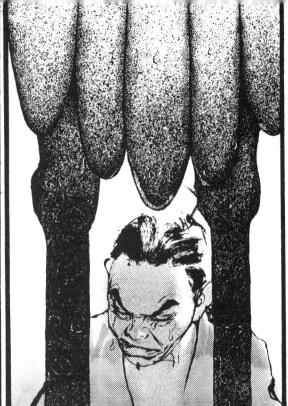

Dann griffen auch noch die Barbaren aus dem Norden an ...

Du wagst es, an einem Kranich zu freveln?! Du Lump!

Wasser! Wasser!

Her mit dem Wasser aus dem Kranichpark!

Eure Majestät, jetzt ist die Zeit der Aussaat. Wenn wir jetzt kein Wasser ablassen, haben wir im nächsten Jahr eine Hungersnot!

Hm. Euer Einwand ist berechtigt.

Für die Folgen eines solchen willkürlichen Eingriffs weise ich jede Verantwortung von mir.

Eure Majestät, der Kranich ist der Vogel der Götter und reagiert sehr empfindlich auf seine Umwelt.

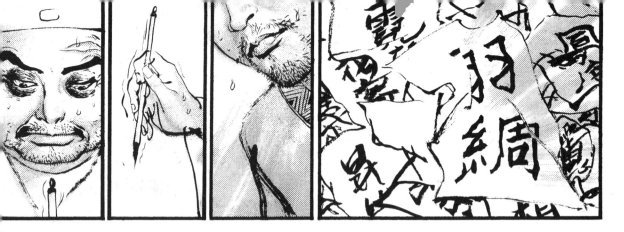

* Aufschrift auf dem Tor: „Zutritt verboten".

Zu ihrer Haltung nahm der Herzog weiträumig gutes Ackerland und Wasserquellen in Beschlag ...

und ließ einen Kranichpark errichten, der seinen Palast an Pracht übertraf.

Zur Zeit der Streitenden Reiche lebte Herzog Yi von Wei.[5] Wegen seiner Liebe zur Kranichzucht nannte man sein Reich „Kranichland".

[5] Hier ist dem Autor ein Fehler unterlaufen: Herzog Yi (reg. 668–660) lebte in der Frühlings- und Herbstperiode. (Anm. des Übers.)

der darum den Namen „Kranichgeneral" trug.

Wann immer der Herzog eine Ausfahrt unternahm, fuhr auf seinen Befehl hin seinen Truppen auf einem großen Wagen ein Kranich vorweg, ...

Und so war das Land von immer mehr Kranichen bevölkert.

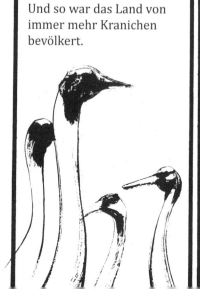

Die einfachen Leute fingen eifrig Kraniche, denn so konnten sie sich eine reiche Belohnung verdienen.

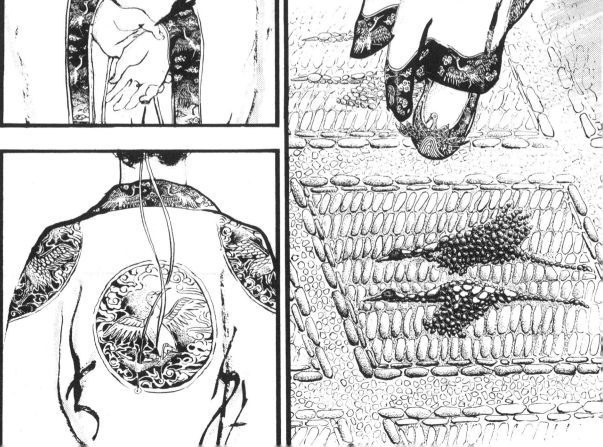

KAPITEL XX:
DER SONDERLING AUF DEM THRON
HERZOG YI VON WEI

Ihr seid wahrlich zu Recht mein großes Vorbild!

Alter Fuchs!

Wang Jian verstand sich nicht nur auf die Kriegführung, sondern mehr noch darauf, die Gedanken seines Herrschers zu erraten. Dank der Weitsicht, die ihm die Erfahrung vieler Jahre schenkte, trug er mehr als jeder andere Heerführer zur Reichseinigung durch Qin bei.

habt Ihr mein Haus gekauft, um es mir jetzt zu schenken?

Weil Ihr im Voraus wusstet, dass ich scheitern und zum einfachen Zivilisten degradiert werden würde, ...

Haha ...

Dann habt Ihr Eure Habsucht nur gespielt, um das Vertrauen des Königs zu gewinnen?

Haha ...

Der König hegte nicht den leisesten Zweifel an Wangs Treue, und der General musste sich nicht um die königliche Rückendeckung sorgen.

Schon bald war Chu besiegt.

Von seinem Feldzug aus schickte Wang immer wieder Boten zur Hauptstadt, die den König um gutes Ackerland und Häuser baten.

Ihr müsst unbedingt auf der Hut sein!

Eure Majestät, Wang Jians Habgier kennt keine Grenzen, und dazu hat er nun auch noch eine solche Militärmacht im Rücken ...

Die Streitmacht setzte sich in Marsch.

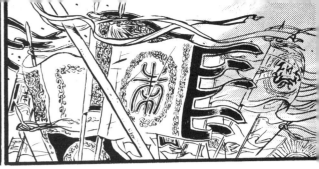

Abgesehen von den Truppen, die zur Verteidigung gegen das Nomadenvolk der Xiongnu im Norden zurückblieben, war dies das gesamte Heer von Qin.

In der Hauptstadt versammelten sich sechshunderttausend Mann zum Abmarsch.

sondern in ganz China noch nie gegeben.

Dass eine so gewaltige Streitmacht in die Schlacht zog, das hatte es nicht nur in Qin, ...

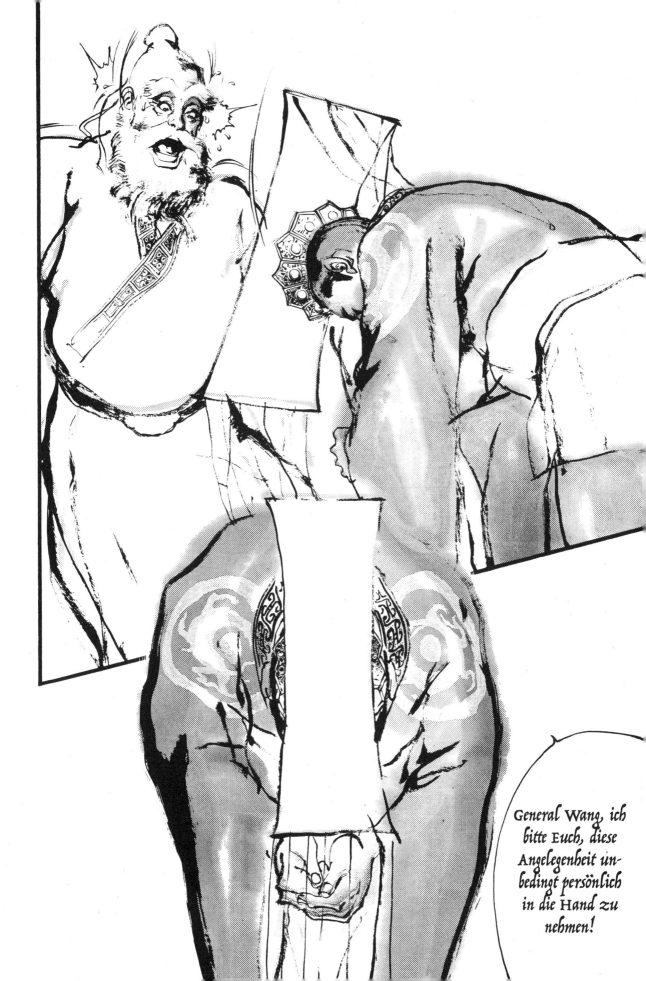

General Wang, ich bereue, dass ich damals nicht auf Euch gehört habe. Weil ich Li Xin das Kommando übergeben habe,

haben wir eine schwere Niederlage erlitten, und unser Land ist gedemütigt.

Da Ihr mich mit Eurem Besuch beehrt, wage ich eigentlich nicht, Euch den Gehorsam zu verweigern, ...

Ich habe Li Xin schon seines Postens enthoben.

Um unseres Vaterlandes willen bitte ich Euch: Führt Ihr die Truppen in den Kampf.

aber ich besitze nicht mehr die nötige Geisteskraft und Tüchtigkeit, um eine so große Verantwortung zu übernehmen.

Bitte schickt einen anderen fähigen General.

So unangenehm das auch ist - ich muss ihn bitten, den Karren für mich aus dem Dreck zu ziehen.

Hätte ich damals doch bloß nicht Wang Jian verspottet!

Hm, es ist tatsächlich Zeit, dass er abtritt.

Eure Majestät, General Wang sagt, er sei alt und kränklich. Deshalb ersucht er Euch darum, dass Ihr ihn von seinen Pflichten entbindet und in den Ruhestand entlasst.

Ich gewähre ihm die Bitte.

Jawohl!

Oder zum normalen Marktwert geht es auch ...

Bald danach führte Li Xin zweihunderttausend Mann zum Angriff auf Chu ins Feld.

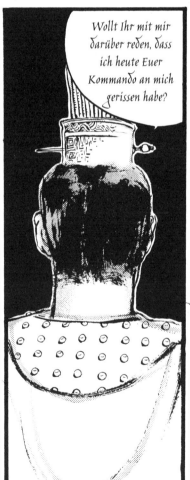

Im Jahr 224 v.Chr. im Palast von Qin ...

Spätere Generationen feiern an diesem Tag zum Andenken an den großen patriotischen Dichter bis heute das Drachenbootfest, indem sie Reisklöße zubereiten und in langen Booten, den sogenannten Drachenbooten, paddeln – alles in der Hoffnung, so die Fische und Garnelen zu vertreiben, damit Qu Yuan an Leib und Seele unversehrt bleibt.[4]

[4] Der Legende nach sollen die Menschen ihre Reisklöße ursprünglich in den Miluo-Fluss geworfen haben, um die Fische von Qu Yuans Leichnam fernzuhalten. (Anm. des Übers.)

³ Einer der Hauptzuflüsse des Dongting-Sees, gelegen im Nordosten der heutigen Provinz Hunan. (Anm. des Übers.)

Am fünften Tag des fünften Monats nach dem Mondkalender im Jahr 278 v.Chr. setzte Qu Yuan seinem tragischen Leben ein Ende, indem er sich in den Miluo-Fluss³ stürzte.

In tiefer Verzweiflung ging Qu Yuan am Ufer des Sees entlang.

Unterdessen drang das Heer von Qin in Windeseile immer tiefer ins Landesinnere, bis zum Dongting-See, vor.

Und so hinterließ er viele berühmte Gedichte, die Literaturgeschichte schrieben.

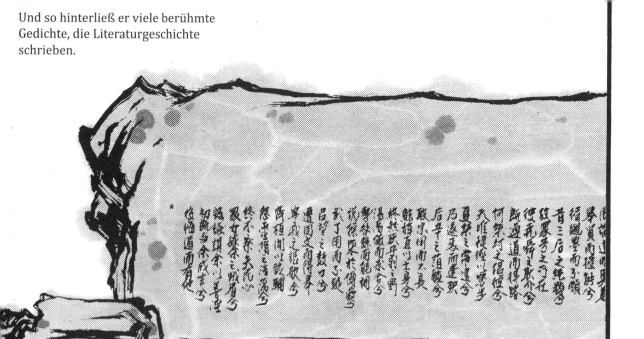

* Kalligrafie: ein weiterer Auszug aus dem „Lied von der Verzweiflung".

Chu stand vor dem Untergang, ...

Siegel des Königs von Chu

aber König Qingxiang suchte Zuflucht bei Wein und schönen Frauen.

Wäret Ihr noch am Leben, König Huai, dann stünde es um Chu nicht so schlimm!

Seinem Schmerz und seiner tiefen Schwermut verlieh er in zahllosen Versen Ausdruck.

* Kalligrafie: ein Vers aus dem berühmten „Lied von der Verzweiflung" (*Lisao* 离骚), in dem Qu Yuan seine Verbannung dichterisch überhöht.

Das Heer von Qin hatte unterdessen schon eine große Offensive eingeleitet mit dem Ziel, alle anderen sechs Reiche zu vernichten.

Die Armee von Chu verlor Schlacht auf Schlacht.

Tief erschüttert musste Qu Yuan mitansehen, wie die Flammen des Krieges in ganz Chu um sich griffen und das Volk in bittere Not stürzten.

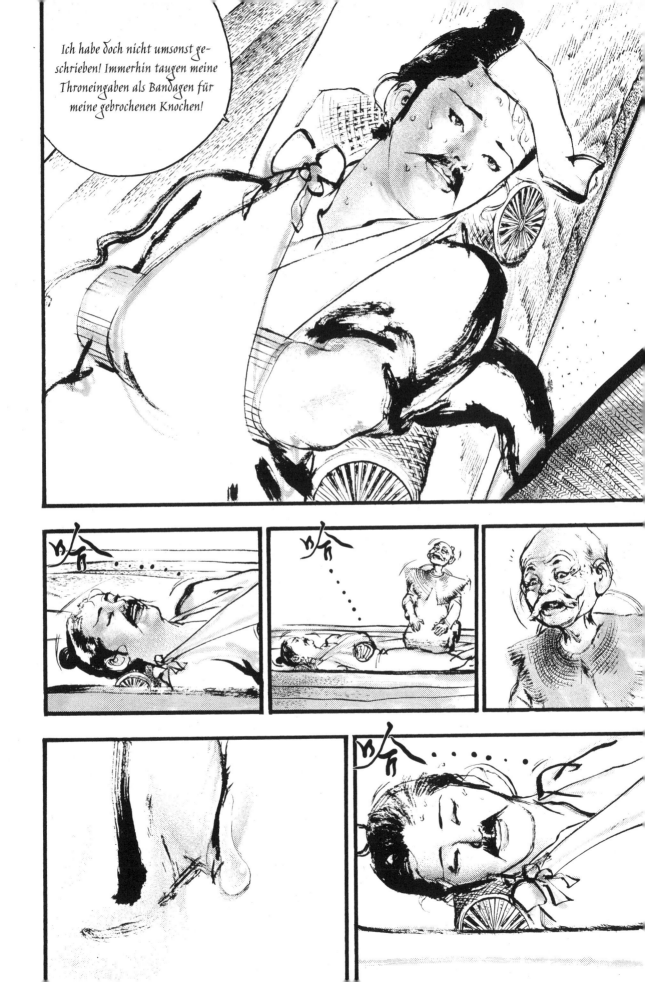

Habe ich es Euch nicht gesagt? Ihr habt umsonst so viel geschrieben! Die hohen Herren hören nur auf Halunken!

Hörst du schlecht? Der König hat Order erlassen, dass er dich nicht sehen will!

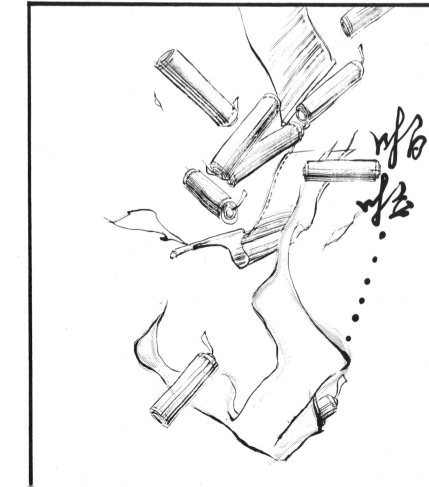

操吾戈兮被犀甲
車錯轂兮短兵接
旌蔽日兮敵若雲
矢交墜兮士爭先
凌余陣兮躐余行
左驂殪兮右刃傷
霾兩輪兮縶四馬
援玉枹兮擊鳴鼓
天時墜兮威靈怒
嚴殺盡兮棄原野
出不入兮往不返
平原忽兮路超遠
帶長劍兮挾秦弓
首身離兮心不懲
誠既勇兮又以武
終剛強兮不可凌
身既死兮神以靈
魂魄毅兮為鬼雄

* Die Kalligrafie gibt die „Hymne auf die Gefallenen" (*Guoshang* 国殇) wieder. Diese Hymne gehört zu den Qu Yuan zugeschriebenen *Liedern des Südens* (*Chuci* 楚辞), genauer: zu den „Neun Gesängen" (*Jiu ge* 九歌).

Der König von Han jedoch war voller Bewunderung für Qu Yuan.
Als er von dessen Verbannung erfuhr, wollte er ihn für seine Regierung gewinnen.

Zornentbrannt enthob der König Qu Yuan seines Amtes und verbannte ihn in das Gebiet südlich des Jangtse.

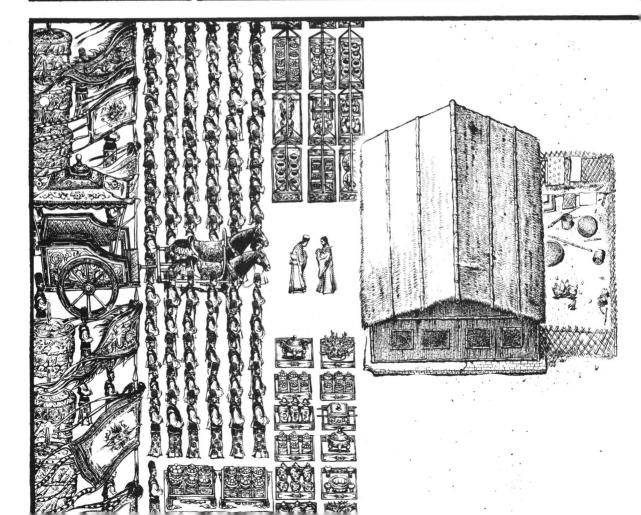

Vom Wunsch nach Vergeltung für den verstorbenen Vater des neuen Königs beseelt, warb Qu Yuan bei seinen Ministerkollegen um Unterstützung für seine gegen Qin gerichteten Pläne.

Niemand hörte auf Qu Yuan, schlimmer noch, er wurde beim König verleumdet.

Aber seine Kollegen wollten entweder die drohende Gefahr nicht wahrhaben, oder sie waren von Qin gekauft.

Eure Majestät, Qu Yuan ist von Groll erfüllt, weil er sich von Euch übergangen fühlt. Deshalb verbreitet er immer wieder unter den Ministern, Ihr würdet Eure Sohnespflicht verletzen, weil Ihr keinen Gedanken mehr an eine Vergeltung für Euren Vater verschwendet.

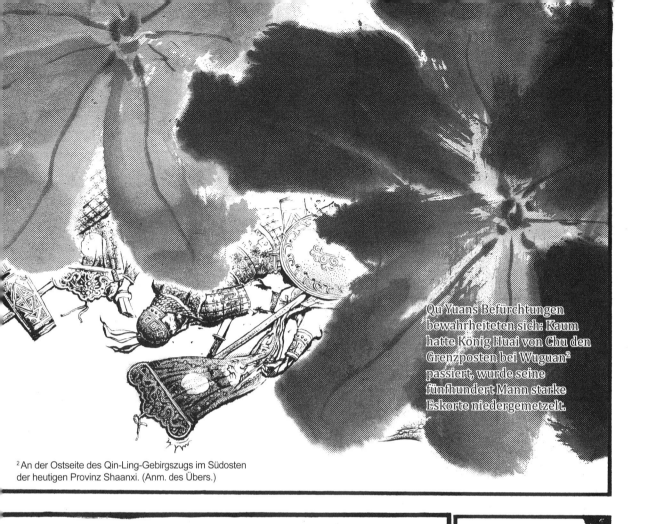

Qu Yuans Befürchtungen bewahrheiteten sich: Kaum hatte König Huai von Chu den Grenzposten bei Wuguan[2] passiert, wurde seine fünfhundert Mann starke Eskorte niedergemetzelt.

[2] An der Ostseite des Qin-Ling-Gebirgszugs im Südosten der heutigen Provinz Shaanxi. (Anm. des Übers.)

König Zhao von Qin wollte ihn zur Abtretung von Land zwingen.

Der König selbst wurde nach Xianyang, in die Hauptstadt von Qin, verschleppt.

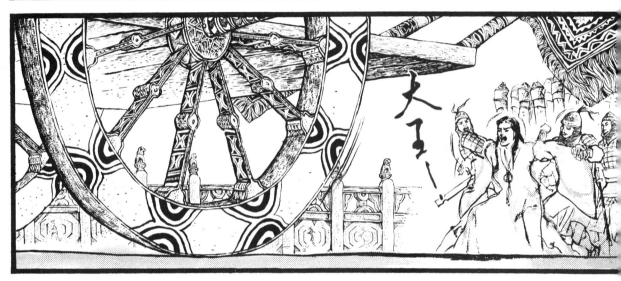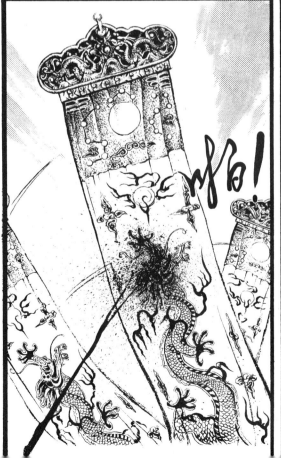

Eure Majestät!

Runter damit! Na los!

Wenn Ihr hier bleibt, verbürge ich mich mit meinem Leben dafür, dass ich unsere Nachbarländer dazu bewegen werde, mit uns an einem Strang zu ziehen und Qin Widerstand zu leisten!

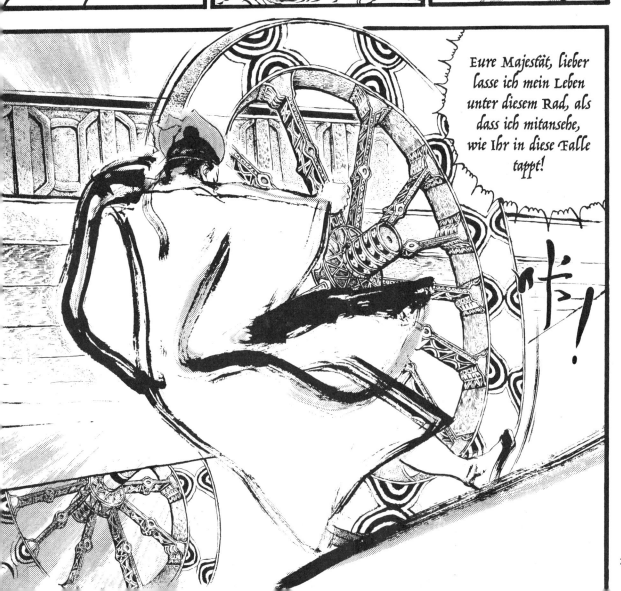

Eure Majestät, lieber lasse ich mein Leben unter diesem Rad, als dass ich mitansehe, wie Ihr in diese Falle tappt!

Ihr dürft Euch auf keinen Fall in so ein Land begeben, Eure Majestät.

Minister Qu!

So eine Gelegenheit wie heute, Frieden zu schließen, bekommen wir kein zweites Mal - also hört auf, alles schlechtzureden!

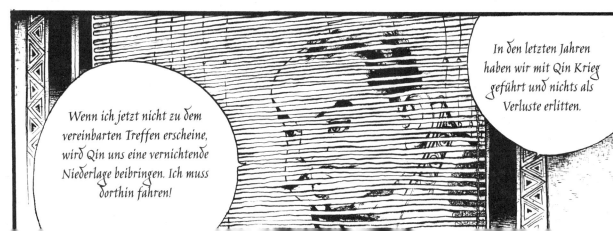

In den letzten Jahren haben wir mit Qin Krieg geführt und nichts als Verluste erlitten.

Wenn ich jetzt nicht zu dem vereinbarten Treffen erscheine, wird Qin uns eine vernichtende Niederlage beibringen. Ich muss dorthin fahren!

[1] Heute entspricht ein *Li* fünfhundert Metern, in der Antike nur gut vierhundert Metern. (Anm. des Übers.)

Oh ja!

Eine solche Heirat zwischen unseren beiden Ländern beschert uns mindestens sieben, acht Jahre Frieden.

schluchz ...
Verflucht ...

Qu Yuan, ein Minister von Chu

Danach wollte sich König Zhao von Qin durch eine Heirat mit Chu verbinden und lud König Huai von Chu zu einem Treffen in sein Land ein.

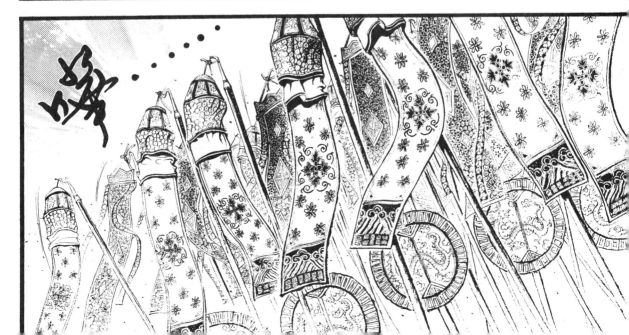

KAPITEL XVIII:
DER DICHTENDE PATRIOT
QU YUAN

Zurück! Zurück!

Mit Schläue und Mut lockte Fei Bao seinen Feind in eine tödliche Falle. Zum Dank ernannte Herzog Xiang von Jin ihn gegen jede Regel zum General und begnadigte seine Sippe.

Argh!

Pah! Wenn ich dich erschlagen habe, hast du noch genug Zeit zum Pinkeln!

Warte mal kurz! Ich muss mal pinkeln. Danach können wir weiterkämpfen.

Lauf mir ja nicht davon!

Ich muss bloß einmal pinkeln, um ihn zu töten.

Und mit welchem genialen Plan willst du gegen Du Rong in den Kampf ziehen?

Am nächsten Tag forderte Du Rong erneut vor den Toren der Stadt seinen Feind brüllend zum Kampf heraus.

Du Rong ist von Natur aus ein gewaltiger Krieger, du dagegen bist bloß ein Sklave, der anderer Leute Nachttöpfe leert ~ ...

wie willst du ihn bezwingen? Mach, dass du wegkommst!

Ach ja?

In die morgige Schlacht werde ich voller Siegesgewissheit ziehen!

Als ich klein war, habe ich oft zum Spaß mit ihm gekämpft.

Ich kenne seinen Charakter und sein Temperament sehr genau.

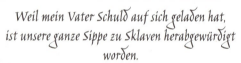

Weil mein Vater Schuld auf sich geladen hat, ist unsere ganze Sippe zu Sklaven herabgewürdigt worden.

Hm ...

auf dass unsere Sippe wieder rehabilitiert und vom Sklavenjoch befreit wird.

Mit einem Sieg über Du Rong hoffe ich, das Verbrechen meines Vaters zu sühnen, ...

Große Töne spucken könnt ihr, sonst nichts!

Fan Gai, Oberbefehlshaber von Jin

Nun, da Du Rong vor unseren Toren steht, wagt niemand, mit ihm zu kämpfen?

Pah! Was für ein Haufen Nichtsnutze!

Marschall, ich bitte Euch um Erlaubnis, mit Du Rong auf Leben und Tod zu kämpfen.

Fei Bao, ein Sklave von Jin

KAPITEL XVII:
DER NACHTTOPFGENERAL FEI BAO

Tötet sie!!

Im zweiundzwanzigsten Jahr der Herrschaft von König Ling von Zhou – im Jahr 550 v.Chr. – griff Du Rong, ein abtrünniger General des Reichs Jin, mit den Truppen des Staates Qi seine Heimat an. Nichts schien ihn aufhalten zu können, so verwegen kämpfte er, und schon bald bedrohte er mit seiner Armee die Hauptstadt von Jin.

Inhalt

Vorwort zur Neuausgabe	5
Kapitel 17: Der Nachttopfgeneral. Fei Bao	7
Kapitel 18: Der dichtende Patriot. Qu Yuan	15
Kapitel 19: Der habgierige General. Wang Jian	47
Kapitel 20: Der Sonderling auf dem Thron. Herzog Yi von Wei	77
Kapitel 21: Die schöne Distel. Die Jungfrau	109
Kapitel 22: Sieben Tage Wehklage. Shen Baoxu	141
Kapitel 23: Der Handwerker, der ein Philosoph war. Mo Zi	173
Kapitel 24: Der taktlose Meisterschütze. Yang Youji	205
Nachwort zur Erstausgabe	237
Zeittafel und Karte	238

Vorwort zur Neuausgabe

Die Frühlings- und Herbstperiode (770–476 v.Chr.) und die Zeit der Streitenden Reiche (475–221 v.Chr.) bilden zusammen die Östliche Zhou-Zeit. Allein in der Frühlings- und Herbstperiode wurden dreiundvierzig Herrscher ermordet – sei es von ihren Feinden oder ihren eigenen Beamten –, und über vierhundert Gefechte und Schlachten wurden geschlagen. Es war eine düstere Zeit, in der jedermann nach dem Thron trachtete und Rebellionen an der Tagesordnung waren. Aber zugleich war es auch eine glanzvolle Zeit, geprägt von tiefgreifenden Umwälzungen. Geniale, aufsehenerregende Denker betraten die Bühne, darunter Konfuzianer, Daoisten, Vertreter der Yin-Yang-Schule und politische Strategen.

Diese dramatische Kulisse wählte ich in meinem jugendlichen Übermut als Hintergrund für das Werk, mit dem ich in Japan debütieren wollte. Während der Arbeit daran musste ich immer wieder ausgiebige Recherchen betreiben und viele Geschichtswerke wälzen, aber ich gewann so auch manche neuen Eindrücke und Erkenntnisse.

Der Glaube, aus der Vergangenheit könnten wir etwas für die Gegenwart lernen, ist mir schon immer lächerlich vorgekommen. Die Geschichte wird geschrieben, um vergessen zu werden. Und doch vermag sie uns über die Jahrtausende hinweg stets aufs Neue zu rühren. Ich hoffe, dass sich die Ergriffenheit, die mich bei der Arbeit an den Helden der Östlichen Zhou-Zeit befallen hat, auch auf den Leser überträgt – das würde mir zu einer großen Ehre gereichen.

Chen Uen
Xindian, Taipeh, den 12. Juni 2012

东周
英雄
传

作者：郑问
原版出版：大辣出版股份有限公司
版权所有・翻印必究

Verlag der deutschsprachigen Ausgabe:
Chinabooks E. Wolf und E Wu
Bühlstrasse 6, CH-8142 Uitikon-Waldegg, Schweiz
Auslieferung an den deutschen Buchhandel: GVA Gemeinsame Verlagsauslieferung Göttingen GmbH & Co. KG
Auslieferung an den deutschen Comicfachhandel: Comic Base Berlin, Berlin
Auslieferung an den österreichischen Buchhandel: Mohr Morawa Buchvertrieb GmbH, Wien

ISBN: 978-3-905816-68-6

Autor: Chen Uen (in Pinyin-Lautumschrift: Zheng Wen) 郑问
Übersetzung ins Deutsche: Marc Hermann
mit Vokabellisten erstellt von Yingqun Jiang (abrufbar auf der Webseite www.manhua.ch)

Redaktion und Satz der deutschsprachigen Ausgabe: Elisabeth Wolf, Yingqun Jiang, Roberto Kohlstedt

Chinesischsprachige Originalausgabe erschienen bei Dala Publishing Company, Taiwan.

Heroes of the Eastern Chou Dynasty, Volume 3
Copyright © 1993, 2012 by Chen Uen
Bilingual (Simplified Chinese characters / German) translation copyright © 2018 Chinabooks E. Wolf und E. Wu.
The translation published by arrangement with Dala Publishing Company, Taipei. All rights reserved.

Alle deutschsprachigen Rechte vorbehalten.

Printed in Taiwan. / Gedruckt in Taiwan.

2023   2022   2021   2020   2019   2018
10 9 8 7 6 5 4 3 2 1